SHODENSHA
SHINSHO

ハッとする言葉の紡《つむ》ぎ方

——コピーライターが教える31の理論

堤 藤成

祥伝社新書

はじめに

なぜ僕らは、「言葉を紡ぐこと」に苦手意識を感じるのだろう

散歩のはじまりは突然に

「コピーライター目線で『言葉を紡《つむ》ぐ楽しさ』が伝わるエッセイを書いてほしいです」

それが当初、この本の編集者からいただいたお題でした。コピーライター冥利《みょうり》に尽きる、とても嬉しいお声がけ。とはいえ、自分にとって「エッセイ」とは、大御所《おおごしょ》の作家や著名なタレントが書くものというイメージがありました。そのため一介のコピーライターの自分が「言葉を紡ぐ楽しさを語るエッセイなんて書いていいのだろうか」という疑問とプレッシャーが生まれてきました。ですが、断るにはもったいない。僕は、しばらく考えこんでしまいました。返事をする前に、藁《わら》にもすがる想いで、辞書を引きました。とにか

く「エッセイ」なるものに立ち向かうためのヒントが欲しかったからです。

エッセー：随筆。自由な形式で書かれた思索的色彩の濃い散文（広辞苑）

これはいわゆる抽象的な定義ですが、ヒントは必ずどこかにあるはずと思いました。僕がこのエッセイの定義で注目したのは、「思索的色彩」と「散文」という言葉でした。「思索的色彩」とは、なんとも詩的な言葉ですよね。まるで言葉が思考を彩り、想いの虹がかかる、そんな軽やかなイメージが浮かびました。そうか。エッセイが、あくまでも思索の延長線上にあり、想いを書き連ねていくものであるのならば、言葉を紡いでゆく思考の寄り道のなかで、僕自身、「言葉を紡ぐ楽しさ」に辿《たど》り着けるのではないか。そう捉えることができました。するとフッと肩の力が抜け、気持ちが楽になりました。

そしてまた「散文」という言葉から「散歩」を連想しました。それは僕がポメラニアンを飼っているからです。愛犬の名前は、サンデーといいます。日曜に我が家にやってきた、まさに「日曜日よりの使者」、それがサンデーです。サンデーは、小柄ですが意志が強く、飼い主が右に行きたいとロープを引っ張っても、頑《かたく》なに「左だぞ」と自分の行きたい道を行こうと意思を示します。それで仕方なく、何度も立ち止まり、ふらっと寄り道をすることになります。ですが、寄り道のなかで、川のほとりでゆったりと過ごせる穴場のベンチを見つけたり、アイスクリームがおいしい隠れた名店を見つけたりすることがあるのです。そんな愛犬サンデーと散歩する気持ちを思い出し、今回は「思索的色彩」を楽しみながら言葉の「散歩」に出てみようと思います。

エッセイとは、「試み」である

ちなみに僕はコピーライターとして言葉を紡ぐとき、いきなり書くことはしません。まずは、気になった疑問を調べることから始めます。先ほどは「エッセイ」の定義を調べて、愛犬との散歩に辿り着きました。今度はエッセイの語源を調べることにしました。エッセイという言葉は、思想家モンテーニュの著書である『エセー』(随想録)から来ているということがわかりました。モンテーニュは、エッセイについてこう語っています。

エッセイとは、人間として生きることの試みである。

おお、かっこいい。さっきのエッセイ＝思考の散歩から、エッセイ＝「生きることの試み」になるとは。この言葉を見つけたとき、僕は心にぽっと灯りがともされた感覚になりました。

なぜなら、これまで僕は言葉を紡いでいるあいだ、「何も行動を起こせていない」という引け目を感じていたからです。「机上の空論」という言葉には、頭で考えているばかりで、行動が伴わないというネガティブな響きがあります。毎日自宅のテーブルの上や、会社のデスクで、空想や妄想をしながらパソコンやノートに言葉を書いていると、それは社会に価値を与えていない空論の時間でしかないのかなと感じることがありました。

しかし、モンテーニュはエッセイとして「言葉を紡ぐ」ことを、「試みること」、つまり行動だと捉えました。言葉を静的な内に秘めたものではなく、動的な試みとして捉えると、世界は一変します。

就活生は言葉を紡ぐことで、「やりたい仕事につくための環境づくり」を試みます。
コーチは言葉を紡ぐことで、「選手の内省のきっかけとなる本質的な問い」を試みます。
営業マンは言葉を紡ぐことで、「顧客の本当の課題を見出すこと」を試みます。

マーケターは言葉を紡ぐことで、「顧客の心にうるおいを与えること」を試みます。

起業家は言葉を紡ぐことで、「アイデアをまなざし、カタチにすること」を試みます。

そして人間は皆、言葉を紡ぐことで、「自分らしい人生を歩んでいくこと」を試みます。

言葉で紡ぐことは、自分の人生を前に進めるための、もっとも気軽に取り組める具体的な「活動」なのです。エッセイとは、「思索的色彩」の「散文」であり「試み」です。自分の思索の移ろいをグラデーションのように楽しみにしながら、活動の最小単位である「試み」を行なうのです。

そう考えると言葉が持つ「軽さ」こそが、最小単位の「試み」として魅力的に感じられるようになります。なぜなら体を物理的に動かす「行動」はどうしても、重くなるからです。

その重い「行動」の前に、まずは思考を言語化し、言葉を紡ぐことで、小さな「試み」を行なう。具体的な行動に動き出す前に、言葉を紡ぎ、予行演習を行なう。それにより、自信を持って一歩を踏み出せるようになる。なんだ、「言葉を紡ぐ」って行動じゃないか。そう気づけたら、ちょっとワクワクしてきませんか。

「言葉を紡ぐ」ことを語る資格はあるのか

それでは、そろそろ本題の「言葉を紡ぐことの楽しさ」について思索を進めていきましょう。とはいえ、そもそも僕に「言葉を紡ぐこと」を語る資格があるのでしょうか。愛犬との散歩のごとく、すぐに立ち止まってしまいました。まずは自分自身に浮かんだ問いに関しても、答えを探してみたいと思います。

僕はこれまで広告業界のすみっこで、17年以上「コピーライター」として、たくさんのコピーや企画の言葉を書いてきました。そしてありがたいことに広告の言葉が国語の教科書に掲載されたり、いくつかのメディアで連載を書かせていただいたり、論文やコラムで賞をいただいたこともあります。そして今回も僕が紡いだ言葉をきっかけに、こうして今回3作目となる書籍を編集者から依頼されています。

そう考えると、こんな自分は「言葉を紡ぐこと」によって、人生をなんとか生きさせてもらっているという感謝の気持ちが湧いてきました。

そもそも、「言葉を紡ぐこと」は、子どもの頃の連絡帳や日記、卒業文集、テストの解答や履歴書など、常に自分の身近に存在していたことに気づきました。なるほど。確かに自分は言葉を紡ぐことで、自分の人生を紡いできたのかもしれない。それなら、まだまだ未熟なコピーライターであったとしても、僕なりに言葉を紡ぐことで人生を紡いできたといえる。モヤモヤを抱えがちな現代に、僕自身が言葉を紡ぐことに関して試行錯誤してきたその思索的散歩を通して、あなたの人生を紡ぐヒントになれるかもしれない。そうか。言葉について語る資格があるか、じゃない。覚悟の問題だったのです。こうして文章を紡ぐなかで、そんな開き直りのような小さな覚悟が生まれてきました。

「言葉を紡ぐこと」に苦手意識と憧れを持つ人へ

そこでようやく本書を通じて、今回読んでいただきたい読者像と書きたいテーマが見えてきました。

読んでいただきたい読者としては、「言葉を紡ぐこと」に苦手意識を感じているあなたです。だけど苦手意識を感じている人は、本当は人一倍、「言葉を紡ぐ」ということに憧れている人でもあります。それはかつての僕なので、僕が一番よく知っています。

そして「言葉を紡ぐ楽しさ」を伝えるということは、「コピーライターはなぜ、ハッとする言葉を紡げるのか?」というよく聞かれる疑問に答えることかもしれません。

僕の経験だけでは伝えられないことも、僕自身がこれまで出会ってきたコピーライター界の憧れの先輩たちの言葉が教えてくれるでしょう。なぜこの言葉が素敵《すてき》なのかについて、まさに言葉に恋い焦がれた者として一方的に熱い想いを伝える。そんな広告業界やコピーライターへのリスペクトを込めたラブレターでもあります。

それではここからは、僕が言葉の散歩をしながら思索を深める過程を一緒に追体験していただけたらと思います。ぜひコピーライター目線を身につけ、言葉で人生を紡ぐ楽しさを一緒に味わいましょう。

そして読者のあなた自身に、自分らしく言葉を紡ぐ楽しさを実感していただくために、項目ごとに、取り組みやすさ別（基礎・応用）「ＷＯＲＫ」を用意しました。実践して、チェックマークを入れながら、読んでみてください。難しいものは一旦《いったん》、飛ばしてもＯＫです。本書を読んで終わりにするのでなく、人生を切り開くための小さな「試み」として、あなた自身の体験型読書をお楽しみいただけたら幸いです。

堤 藤成

目次

第2章　内面をたがやす「志《パーパス》」を紡ぐ

JASRAC 出 2308635-301
本文DTP アルファヴィル・デザイン

序 章

言葉の散歩に、出かけてみませんか？

知識のある人はすべてについて知識があるとは限らない。
だが、有能な人は、すべてについて有能である。
無知にかけてさえも有能である。
—ミシェル・ド・モンテーニュ
（フランスの思想家）

言葉が先か、思考が先か――

「仮定する」理論

言葉を紡ぐことの「楽しさ」と「苦しさ」

さて、早速「言葉を紡ぐ楽しさ」について語っていくわけですが、そもそも言葉を紡ぐことは「楽しい」ことなのでしょうか。

最初に告白すると、僕自身、言葉を紡ぐ時間は、ぶっちゃけたところ、答えが見えずに苦しくモヤモヤした気持ちを抱えていることのほうが長い気がします。特に、プレゼン前や原稿の締め切り前は、「やばいやばい」と思わず口に出してしまって、周囲の人たちに引かれたこともあります。それこそ、危ない人ですね……。

一方で、言葉を紡ぐなかで、「自分ってこんなことを考えていたのか！」と勝手にニヤリとしてしまう場面もあります。頭のなかで思考をめぐらせているだけでは出てこなかった言葉もたくさんあります。書いているうちに思考の深い部分がスルッと引っ張り出されていく感覚。

そういえば、「楽しいから、笑顔になるんじゃない。笑顔になるから、楽しくなるんだ」という言葉があったような気もします。そう考えると、一般的には思考を言葉にする、言語化するといいますが、本当にそうなんでしょうか。


言葉が先か、思考が先か。

言葉を紡ぐから、想いがめぐるのか。

想いがめぐることで、言葉が紡がれるのか。


ぐるぐるしては立ち止まり、考え込んでしまいました。サンデーとの散歩は、いつもこんな具合です。「この○○が先か、△△が先か」という文章を見ると、「ニワトリタマゴ」という言葉をふと思い出しました。意味としては、卵から鶏が生まれるのか、鶏から卵が生まれるのか、どちらが始まりか判断がつかないことの喩《たと》えとして出てきます。

しかし、この言葉をじっくり観察してみると、「タマゴが先か、ニワトリが先か？」と言う人はいても、「ニワトリが先か、タマゴが先か？」と言う人はいないことに気づきます。

また、略語で語る場合は、「ニワトリタマゴ」と言う人はいても、「タマゴニワトリ」と言う人はいません。それは僕たちが意味を超えた語感として、「〇〇が先か？」という場合は短く「卵」を先に言いたいし、略語ではゴロッとした「ニワトリ」を先に言いたい生き物だからです。

さらにいえば、シェイクスピアが書いた『ハムレット』のなかに出てくる名言である「生きるべきか、死ぬべきか、それが問題だ」も、「死ぬべきか、生きるべきか、それが問題だ」だとしっくりきません。それは単なる語感の響きによるのかもしれないし、もっと深いところにある何かが原因なのかもしれない。それでも僕たちはまず仮説を考えてみることが大切です。

仮定し仮説を持つことから、コピーライター的なものの見方が生まれる

「人間は、全員疲れているのだ」と仮定する。
（東陶機器〈現・TOTO〉／仲畑貴志《なかはたたかし》）

このキャッチコピーは、コピーライター界の神様的な存在である仲畑貴志さんが書かれた言葉です。この「仮定する」という言葉、それはつまり仮定や仮説を考えるということ。この仮説思考は、「コピーライター目線」というものを考える際の土台なのかもしれません。こうした「ニワトリタマゴか、タマゴニワトリか、それが問題だ」なんて勝手に理論を考えながらニヤニヤして、言葉を紡ぎながら考えている時間が、僕はたまらなく楽しいのです。

WORK 0-1

□ **A基礎：言葉が先か、思考が先か、自分なりの意見を選択してみよう**

□ **B応用：その意見の背景となる自分なりの「理論」を妄想してみよう**

ゆっくりと過程を味わう――

「なぜか気になる」理論

TKGの誕生

ところで前項で、ニワトリタマゴ、タマゴニワトリ、ニワトリタマゴ、タマゴニワトリ……と繰り返しているうちに、グゥとお腹《なか》が鳴りました。あぁ、親子丼が食べたくなってきました。いや、それともやっぱりTKGでしょうか。ちなみにTKGとは、「卵かけごはん（Tamago Kake Gohan）」の頭文字を取った略語です。

それにしても、「卵かけごはん」を、TKGと略した人は誰なのでしょうか。無性《むしょう》に気になってきました。日本で最初にTKGと略した人を称《たた》えたいと思います。僕なんかに称えられても、嬉しくないかもしれませんが。

TKGと書くと、スタイリッシュさやダイナミックさを感じます。まるでリニューアルされた現代的な食べ物のようにリブランディングが成功する。これは、どうにか日本のおいしい食文化を現代にも通用させたいという想いから生まれたのではないか、とさえ感じます。ああ、こうして書いているうちに、無性にＴＫＧが気になってきました。

というわけで、早速調べてみました。ネットで調べてみたところ、タレントのＤＡＩＧＯさんの略語のネタにあやかってネット上で広がりはじめたという説が有力とのことでした。またその調べる過程で、『３６５日たまごかけごはんの本』（Ｔ・Ｋ・Ｇ・プロジェクト編、読売連合広告社）という１年間ＴＫＧ推しの書籍や、社団法人（日本たまごかけごはん研究所）なども気になってきました。

この勢いなら、そろそろ「世界ＴＫＧサミット」なんて開かれてもおかしくありません。それほどまでに奥が深い卵かけごはんの世界があることが、とても面白いなと思いました。そうそう。気になるといえば、こんなキャッチコピーを思い出しました。

同じツアーの外国人が、楽しそうか、なぜか気になる。

（はとバス／宮田知明《みやたともあき》）

これは宮田知明さんが書かれた東京の観光バスである「はとバス」のキャッチコピーで

す。この言葉には、東京に初めて観光に来た外国人たちと同じバスに偶然乗り合わせた日本人が、「外国の人もちゃんと日本を楽しんでくれているかな」とつい気づかってドキドキしてしまう、そんな「おもてなし精神」があらわれているように思うのです。

こうして気になったことを深掘りし、一つひとつ丁寧に言葉に置き換えていく行為は、とても面倒くさい行為でもあります。なぜなら現代には、もっと気軽にサクッと消費できる物事があふれているからです。喩えるなら「効率」や「生産性」を重視して目的地まで最短・最速で向かうのが飛行機だとすると、何度も書いたり消したりを繰り返しながら、文字を紡いでいくことは、のんびりと下道を進むバスでの旅に似ています。

「バス旅行」のように、日常と地続きで言葉を紡ぐ

バスは、あくまでも地に足をつけて、日常の景色を進んでいきます。時々、停留所で立ち止まりながら、その足取りを確かめるように。流れる景色をぼーっと眺めることもできるし、「あ、新しいお店がオープンしているな」とか「あのおじいさんが連れている犬かわいいな」とか、ちょっとしたことに気づけたりもします。

そういえば、学生の頃のバス旅行も楽しかったなと思い出します。クラスごとの貸切バ

スのなかでわいわい騒いだこと。バスガイドさんのアナウンスにツッコミを入れたり、音楽をかけてみんなで歌ったりしたこと。それは徒歩や乗用車での移動ほど日常すぎず、飛行機ほど非日常すぎない空気感。「冷静と情熱のあいだ」ならぬ、日常と非日常のあいだのほどよい高揚感。そんな心理的に守られた、安心な場所で自分を表現できるから、バスの旅は楽しいのかもしれません。

もしかしたらお気に入りのノートや、新調したばかりの日記帳にさらりと、日付と名前を入れていく。そんな「言葉を紡ぐ楽しさ」は、自分をほどよくさらけ出し、地続きの旅に出る感覚に近いのかもしれません。

ちなみにバス旅行といえば、70歳を迎えたうちの父が、大工を引退する際に、お世話になった親戚たちを連れてバス旅行に行くと言い出しました。すると従姉妹《いとこ》たちが、せっかくだからと親戚一同を乗せたバス旅行の「旅のしおり」をつくってくれたのです。旅に同乗する一人ひとりの名前や一泊二日の行程表。手作りのしおりには、温かさとやさしい気づかいがあふれていました。

旅のしおりと本の栞

「旅のしおり」という言葉を見ていて、ふと「本の栞《しおり》」が気になってきました。調べてみると、栞には案内書、手引書という意味があり、「旅のしおり」も「本の栞」も、どうやら同じものであるとのことでした。さらに栞の語源には諸説あるそうですが、昔山道を歩くときの目標に、その道中で節目節目に枝を折ることで、次に続く人が登りやすくしたという「枝折《しお》り」に由来するという説があり素敵だなと思いました。

それにしても久しぶりの大人になってのバス旅行は、とても楽しい充実感がありました。僕は飛行機で飛び立つとき、揺れが激しいとき、着陸するとき、「ああ、いつ死んでもおかしくない」と考えてしまう小心者です。もちろん遠くの冒険の地に連れて行ってくれる飛行機の旅も好きなのですが、ゆったりと身を委《ゆだ》ねるバスの旅も、なんともいえない良いものでした。もしかしたら、バス旅行は、目的地だけでなく、その移動時間さえもまた思い出になるのかもしれません。

おっと、言葉を紡ぐ楽しさを語るエッセイのつもりが、ついバス旅行の楽しさを語ってしまっていました。これもまた、「散歩のように自由に言葉を紡ぐ」からこそ見えてきた景色。言葉を頼りに、するすると記憶の底に下りていって、深層心理や忘れていた思い出に辿り着く感覚。書き始める前には思いもよらなかったものに出会う。そんな楽しさがあるように感じました。

見えてきた言葉を紡ぐ楽しさは、一足飛びに目的地に着くのではない魅力といえます。手書きで日記帳や手帳、お気に入りのノートに書き連ねていく人も、一文字一文字をタイピングする人も、それぞれ地味に地続きの思索の道を、紡ぎながら進んでいきます。

自分と向き合うことで、何かが生まれてくる。もしかしたら「言葉を紡ぐ」とは、忙しいスピードが求められる現代において、あえて書くことによってスピードをゆるめて散歩すること。そんな当たり前に気づくための方法といえるかもしれません。

WORK 0-2

□ **A 基礎：旅のしおりや本の栞のように、自分の心が動いた言葉を思い出してみよう**

□ **B 応用：思考をゆるめ、最近「気になったこと」を一言書き出してみよう**

コピーライター目線とは？――

「見つめているすべて」理論

コピーライターの「目線」とは何か

編集者のお題は、単に「言葉を紡ぐ楽しさ」を感じさせるだけではなく、「コピーライター目線で」という言葉が添えられていました。

ではそもそも、「コピーライター目線」とは、いったい何なのでしょうか？

目線ということなので、目に関すること。コピーライターの先輩や後輩はたくさんいますが、コピーライターがみんなタレ目とかキツネ目とかそんな目の形をしているわけではありません。あえていえば、「コピーライター目線」とは、カメラのレンズを変えることと、最近ならSNSで投稿する際に、画像フィルターをかけることに似ているのかもしれません。

そういえば、「目線」とは不思議な言葉です。その当事者にとって当たり前に見えているものほど、普段は気づけません。それは、一生涯を水のなかで過ごす魚に、水という概念がわからないことにも似ています。普段、僕たち人間にとって空気が当たり前すぎて、誰も気にしていないように。

そう考えると、「コピーライター目線」を持つことは、これまで気づけなかった何かを発見することができれば、それはきっとあなたの役に立つヒントになるということです。

ちなみに「目から遠ざかれば、心からも」というヘブライ語のことわざがあります。つまり、「視界を外れてしまうと、心からも外れる」。つまり、見ていないものに愛情が向くことはない」という意味です。これはなかなか残酷ながらも真実だと思います。

それだけ目線というのは大事なものなのです。ちなみに、「目が私についていった」というのはマルタ語で「眠る」を意味しています。これは、完全に思考の寄り道でしたね。

メガネやサングラスのように、目線で遊ぶ

ちなみに「コピーライター目線」は、つけているメガネやサングラスによって見え方が

変わるように、それぞれの個性があると思います。例えば、メガネも度数で見え方が変わったり、サングラスの色味によって、オレンジの景色やモノクロの世界が広がったりします。

また、一見派手な見た目のデザインだが、目線自体は普通という「伊達《だて》メガネ」の場合もあるかもしれません。またある人は、メガネではなく、虫メガネを持ち歩き、新種の昆虫のような珍しい発見をするかもしれません。またある人は、天体望遠鏡のように、何光年も先の深淵な宇宙の哲学を発見するかもしれません。

見つめているすべてが、人生だ。
（JINS／西島知宏《にしじまともひろ》）

JINSのこのキャッチコピーは象徴的にメガネの役割を語っています。それなら「コピーライター目線」として、これから紹介するたくさんのメガネやサングラス、虫メガネや望遠鏡のような自分なりのものの見方を自分のなかに持てれば、あなたの人生はほんの少し生きやすくなるかもしれません。

なぜなら、目の前の現実にクラクラしたら遠くをぼんやり見つめればいいし、隣の芝が青く見えるような嫉妬《しっと》にとらわれているなら、真っ黒のサングラスで色の違いを感じないモノクロの世界を楽しめばいい。そんな風に世界の解釈を自在に変えられたら、ちょっと楽しくなってくると思いませんか。

新しいメガネやサングラスがあることでファッションのバリエーションが増えてオシャレが楽しくなるように、言葉を紡ぐことを通じて、コピーライター目線を使って、物事を別の角度から見る新しい散歩を楽しんでいきましょう。

WORK 0-3

□ **A 基礎：どんな性格のメガネをかけたいか、考えてみよう**

□ **B 応用：一つの性格のメガネを選んで、日記を書いてみよう**

言葉を紡ぎ、「幸せにかなえる」を紡ぐ——

「世界は誰かの仕事でできている」理論

「言葉を紡ぐ」ことで生まれるもの

サザンオールスターズの『愛の言霊《ことだま》～Spiritual Message～』というヒット曲があります。日本人は昔から、言葉に神が宿ると信じてきたのです。また、ブリューゲルの絵画『バベルの塔』にあらわされるように、言葉をバラバラにすることで、人々をバラバラにしたという寓話《ぐうわ》もあります。

神様が恐れるほど、それだけ言葉を紡ぐ力は強力なのだ、ともいえそうです。頭に浮かんだことを書き連ねていくことは、自分の脳内を鏡のように映し出す行為なのです。普段、自分がどんな顔をしているか意識することは少ない。しかし、鏡の前に立つとき、人はどうしても自分と向き合わざるを得ません。

世界は誰かの仕事でできている。

（日本コカ・コーラ「ジョージア」／梅田悟司《うめださとし》）

この缶コーヒーの「ジョージア」のコピーを紡いだのは、電通時代に同じ部署で働いていた先輩の梅田悟司さんです。

梅田さんは、『「言葉にできる」は武器になる。』（日本経済新聞出版社）という書籍を通じて、内なる言葉を紙に言語化することの効用について書いています。このジョージアのコピーには、「今働いている自分の仕事も、世界を構成する一部なのだ」と仕事に打ち込むあらゆる人の気持ちを肯定する、まさに「ハッとする言葉」の発見があります。

ちなみに「ハッとする」といえば、僕の頭には反射的に田原俊彦《たはらとしひこ》さんのヒット曲『ハッとして！Ｇｏｏｄ』が浮かびました。一度そのイメージができてからは、ずっとこの曲が頭から離れなくなりました。

確かに「ハッとする言葉」、つまり発見や気づきは、僕らの日常のふとした瞬間に、グッと心を掴みます。言葉を紡ぐ言語化を通じて、「ハッとする言葉」への感性を養うこと。それは、もしかしたら、とっても素敵なことかもしれません。それに気づいてからは

『ハッとして！Ｇｏｏｄ』を何度もリピートしながらまさに今、この章の言葉を紡いでいます。

書籍のタイトルに込められた想い

今回の新書のタイトルは『ハッとする言葉の紡ぎ方　コピーライターが教える31の理論』です。当初はシンプルに「言葉の紡ぎ方」なんてタイトルにしようとしていました。ただし、それではどこかの文豪が書いた「文章術」指南本のような重厚感があります。

時代に寄り添うコピーライターの自分が出す新書としては、「ハッとする言葉を紡ぐ」というタイトルのほうが肩肘張らない、ちょうど良い軽さがあると思いました。

先ほどあげた梅田さんの『「言葉にできる」は武器になる。』以外にも、実は同じ広告業界の方々が書いた名作はたくさんあります。

パッと思いつくものだけでも、佐々木圭一《ささきけいいち》さんの『伝え方が9割』（ダイヤモンド社）。田中泰延《たなかひろのぶ》さんの『読みたいことを、書けばいい。』（ダイヤモンド社）。谷山雅計《たにやままさかず》さんの『広告コピーってこう書くんだ！読本』（宣伝会議）。髙崎卓馬《たかさきたくま》さんの『表現の技術　グッとくる映像にはルールがある』（電通）。阿部広太郎《あべこうたろう》さんの『あの日、選ばれなかった君へ　新しい自分に生まれ変わるための7枚のメモ』（ダイヤモンド社）。中川諒《なかがわりょう》さんの『発想の回路　人を動かすアイデアがラクに生まれる仕組み』（ダイヤモンド社）、そして荒木俊哉《あらきしゅんや》さんの『瞬時に「言語化できる人」が、うまくいく。』（SBクリエイティブ）などなど。

こうしたタイトルを見ると気後れしそうです。しかし結局、自分は自分にしかなれません。だったらカッコ悪くても、不恰好でも、そんな自分の言葉を正直に紡いでいこうと思います。あなたも一緒に、日常のなかに「ハッとする」発見をして、それを「○○理論」なんて勝手に名付けてみましょう。ただの仮説でも毎日「ハッとする言葉」を見つけられることは、新鮮な気持ちで豊かな人生を生きている証拠だといえるからです。

ここからは、以下のような構成で「言葉を紡ぐ」楽しさについてお話ししていきます。

想いをめぐらす「物語《ナラティブ》」を紡ぐ。
内面をたがやす「志《パーパス》」を紡ぐ。

覚悟をあらわす「実験《トライ》」を紡ぐ。
社会をうるおす「学び《ラーニング》」を紡ぐ。
未来をまなざす「企画《アイデア》」を紡ぐ。

コピーライター目線を身につけると、あなたらしく「幸せにかなえる」サイクルを紡ぐことができるようになります。それでは、本格的に自分の言葉を紡いでいきましょう。

WORK 0-4

□ **A基礎**：言葉を紡ぐことで生み出せるものについて考えてみよう

□ **B応用**：言葉を紡ぐ循環について考えてみよう

第1章

想いをめぐらす「物語《ナラティブ》」を紡ぐ

私は、同胞に一人の人間を自然のままの
赤裸々な姿で見せたい。
その人間は私だ。
—ジャン=ジャック・ルソー
（フランスの啓蒙思想家、小説家）

どんな立場で語るかで物語は変わる——
「桃太郎」理論

物語は一つのストーリーと無数のナラティブに分かれる

エッセイ的に視点を紡いでいくこと。それは、自分の「物語」を紡ぐことかもしれません。「物語を紡ぐ」なんて書くと、いきなりハードルが高く感じられるかもしれません。ですが、物語には2種類あります。

「ストーリー」と「ナラティブ」です。

いわゆる「ストーリー」とは、起承転結やあらすじなどの「客観的」な構成要素です。これは一般的に浸透しているし、理解しやすいと思います。

対する「ナラティブ」とは、それぞれの個人の視点から語られる「主観的」なものです。それは、「ナレーター」の語源でもあります。ナレーターも、ある視点から物事の様子を語っていきます。「自分の物語を紡ぐ」とは、自分の生きてきた人生や、今やりたいことをあなたの視点でまさにナラティブで語ることなのです。

例えば、「とある親子が、花火を見に出かけた。会場となる河川敷に向かう途中、父は息子を肩車した」。これは、単に起きた出来事を客観的にストーリーとして語っているだけの文章です。しかしこの客観的なストーリーを、父親目線のナラティブで語るとこうなります。

あれは息子が小学1年生になった年だった。花火を見たいという息子を連れ、会場に向かった。会場となる駅で降りると、想像した以上の人混み。ゾロゾロとした行列で少しずつしか前に進まず、なかなか会場まで辿り着けない。もうすぐ花火が上がる時間だ。焦《あせ》ってスマートフォンで時刻を確認する。ドッカーン！　パラパラパラパラ……。ああ、もう花火が上がり始めてしまった。周りで歓声が上がるなか、この混雑した行列にいると、息子の背丈ではちゃんと花火が見えない。不満そうな表情の息子。父として、悲しませたくない。腕にグッと力を入れ、息子を抱き上げ肩車した。

そういえば、息子が小さい頃はよく肩車していたな。今は、想像以上にずっしりと肩が重い。ああ、こんなに大きくなったのか。肩にかかる重みを、少し誇らしく感じた――。

単に「息子に花火を見せるために父が肩車した話」が、ナラティブとしてその個人の視点から語られると、急に感情移入できるようになると思いませんか。またナラティブは、個人の主観によるものだからこそストーリーは同じでも、語り手によってまったく別の風景が立ち上ります。例えば息子のナラティブとしては、「突然、お父さんに、持ち上げられた。花火がよく見えたのは嬉しかったけど、友達に見られるかもと思ったら、恥ずかしくなった」と語るかもしれません。

また、その親子の真後ろを歩いていた若いカップルのナラティブとしては、「彼女とのデート。彼女の浴衣《ゆかた》姿がきれいだ。それにしても、せっかくいいムードだったのに、いきなり目の前のオッサンが息子を肩車しだしたから、ぜんぜん花火が見えない。めちゃくちゃ邪魔だ。もし結婚して子どもができても、周りに迷惑をかけていることに気づかないオヤジにはなりたくないな」なんて物語が紡がれるかもしれません。

「めでたし」かどうかは立場で変わる

ボクのおとうさんは、桃太郎というやつに殺されました。
（２０１３年度新聞広告クリエーティブコンテスト　テーマ：しあわせ／山﨑博司《やまざきひろし》）

これは、２０１３年の新聞広告クリエーティブコンテスト最優秀賞となったコピーです。まさに桃太郎のめでたしめでたしでさえ、立場を変えてみると悲劇でしかないのです。このように「ナラティブを紡ぐ」と捉えると、「自分はつまらない平凡な日常しか送っていない」なんて卑屈にならなくても、ちょっとした物事から無限の物語が生まれる可能性があることに気づくでしょう。だから難しく考えずに、自分の物語を紡いでほしいのです。

WORK 1-1

- □ A基礎：ストーリーとナラティブの意味の違いを理解しよう
- □ B応用：桃太郎の続きを、鬼の子どもの目線で語るとしたら、と想像してみよう

タイムマシンのように瞬間の想いを残す──

「ねるねるねるね」理論

自分が過去に紡いだものと向き合う

自分らしい言葉を紡ぐ、最初の一歩、それはいきなり書くことではありません。まずは、自分がこれまで紡いできた過去の文章を読むことから始めてみることです。

それは、別に名文である必要はありません。例えば、小学生や中学生の頃の、卒業文集。またアルバムの寄せ書きに書いた言葉、書かれた言葉。昔書いた読書感想文。友達や家族とのやり取りの証《あかし》。または日記帳。手帳に残したメモでもいいのです。

すでに書かれたものたちは、自分の記憶でもあります。すると、何かしら感じるものがあることに気づきます。それは、それを見た瞬間に、書いた文字が、自分へのタイムマシンになるということです。小学生の頃、「宿題やんなきゃ」という気分で書いていた読書感想文でさえ、大人になって読み返せば、「ああ、あの頃、こんな本読んでいたのだな」

と感じられる宝物だったりするのです。

これがまず「紡ぐこと」の価値です。その瞬間には何でもなくとも、大人になって自分の記憶を呼び起こすための装置。そんなタイムマシンを日々制作しているということです。今のあなたの気持ちは、きっと10年後の自分には書けません。大体こんな感じだったなとは考えられても、本当にリアルな気持ちは今を生きるあなた自身にしか書けないのです。

だからこそ僕は、自分が紡いできたものを探してみることをお勧めしたいと思います。もし実家から離れて住んでいてすぐに昔書いたものに触れられない場合は、自分のスマホに残ったメールやチャットのやり取りを見返すのもいいでしょう。もしくは、SNSをされている方は、自分が過去にアップした一番昔の投稿を見返してみることでもいい。きっと、うわぁ、こんなこと書いていたのか、と恥ずかしい気持ちになるでしょう。

でもそれは裏を返せば、自分がそれだけ成長し、視野が広がり、視座が上がったということなのかもしれません。

視点と視野と視座

ここで、視点と視野と視座という話をします。

「視点」とは、自分がどの方向から見るか、ということです。
「視野」とは、自分がどれだけの範囲を見られるか、ということです。
「視座」とは、自分がどの高さから見るか、ということです。

例えば、あなたが競馬場にいたとして、まず自分がどの場所から見るかで、「視点」が決まります。スタートゲートの前の最前線に立つのか、ゴール前のクライマックス直前の第3コーナーに陣取るのかという視点です。当然、どの方向から見るかという「視点」でレースの見え方は変わります。例えばゲート前だとスタートした瞬間の一瞬の迫力は感じられますが、その後は走り去る背中を眺めるしかありません。

次に「視野」です。これは同じスタートゲート前に立ったときに、一人は肉眼で見る。もう一人はオペラグラスで見るかの違いです。肉眼で見るほうが広くゲート全体を捉えることができます。オペラグラスの場合、焦点が狭まってしまいますが、贔屓《ひいき》にしている選手や馬の一挙手一投足《いっきよしゆいっとうそく》まで見ることができます。

最後に「視座」です。今度は視線の高さが上下する感覚です。例えば、競馬のジョッキーは馬とほぼ同じ目の高さにありますが、競馬場のVIP席はすべてが見渡せる高い位置に存在します。ＶＩＰ席からは現場近くほど迫力は感じられないのですが、実際に馬がどの位置にいるかを俯瞰《ふかん》して見渡すことができます。また感覚的なところでいえば、血統や過去のレースの勝敗など、どれくらい競馬の背景を深く知っているかで楽しみ方が変わります。これもまた視座の違いといえると思います。

このように同じ競馬場で馬を見るとしても、「視点」「視野」「視座」が変わるだけで、見える世界はまったく別のものに変わります。僕自身、最初は競馬を何も知らない状態でしたが、広告の仕事でプロモーションを担当した際に、競馬についていろいろ深く知っていくことで、幅広い楽しみ方ができるようになりました。

例えば、東京競馬場のメインスタンドの高さは、約50メートル。これは人気漫画の『進撃の巨人』（諫山創《いさやまはじめ》、講談社）でいえば、超大型巨人のサイズとほぼ一緒だということから、「進撃の有馬記念」という企画になりました。また、数々の伝説を残したディープインパクトを「競馬界の織田信長《おだのぶなが》」とするならば、唯一ディープインパクトを破ったハーツクライは「競馬界の明智光秀《あけちみつひで》」と呼べるのではないかという着想は、人気ゲームタイトル『戦国無双』とコラボした「ダービー無双」という企画になりました。このように視点を変えて、視野を広げ、視座を上げ下げすることで、物事の見方はどれだけでも変えられるのです。

「ねるねるねるね」を、視点・視野・視座で捉えてみる

ちなみに、この「視点・視野・視座」の話を紡いでいるときにふと思い出したのが、なぜか「ねるねるねるね」というお菓子のCMでした。

謎の魔法使いのおばあさんが出ていて、「練れば練るほど色が変わって、こうやって付けて…」と視聴者にボソボソと話しかけてくる。すると、タータッタ ター♪ と突然サウンドが鳴って、「練っておいしい！ ねるねるねーるね♪」という商品名が語られます。これも子ども時代には、「なぜ魔法使いなのだろう」「なぜ練ると色が変わるんだろう」と、なぜなぜが止まらなくなって、トラウマ的に脳裏に焼きついて離れないCMとしての視点しかありませんでした。

しかしその後、広告の仕事の視点を持ってからは「もっと、案を練ろうか」とクリエイティブディレクターが言えば、「ねるねるねるね」を混ぜながら企画会議をしている場面を想像するという無駄な視野が広がってしまい、つい噴き出しそうになってしまったことがあります。

また、子育てに視野が広がってからは、「寝る子は育つ」と聞くと、「練る子は育つ」という「ねるねるねるね」を練っている子どもを妄想してしまうようになりました。

そして仕事や子育てで視点が変わっていくと「練れば練るほど色が変わる」というのは、「勉強でも仕事でも、技を練り上げる努力を続けると、あるとき臨界点を超え、圧倒的な価値に変化する」ということを表現した深みのあるメタファーなのではないか、と勝手にものすごい深いメッセージ性を感じ取ってしまうようになっていました。

おっと、あまりにも寄り道しすぎた気がしたので、愛犬サンデーの手綱《たづな》をグッと握り返すように、ちょっと冷静になろうと思います。そうそう。ここで伝えたかったことは、たとえ視座が低かろうと視野が狭かろうと、まずは一旦その瞬間の想いを紡いで残しておくことは大切ですよ、ということです。その文章は、人に見せるものでなくて構いません。自分がこれまでどんな言葉を紡いできたかを知ることが大切なのです。

小学4年のときに紡いだ文集を今読んでみる

【大人になってなりたいこと】

大人になってなりたいものは5つある。①ゲームを作る人　②マンガ家　③本屋　④作家　⑤ふつうのサラリーマン。ほんとうは、大金物と王様だったけど、ぼくがなれ

るわけがない、と思ったからやめた。そのなかで①と②はなりたいなぁと思う。③と④もけっこういい。でも⑤は①～④までがどれもなれなかったときのためだから、あまりなりたくない。サッカーせんしゅもなりたかったけど、ぼくはへたなのでやめた。ぼくがなりたいのはずばり①～④なのであります‼

この文集を読むと、「大金物」などの間違い（きっと大金持ちと書きたかった）や、「なのであります‼」などの謎のテンションは恥ずかしいのですが、小学4年生で自分なりに真剣に人生設計をしていたことがわかります。なかなか痛いキャラですが、実際広告の仕事では、先ほどの競馬の例のように、ゲーム会社とコラボし実際にゲームをつくったり、漫画とコラボした企画を実施したりすることができました。

また、ありがたいことにこの本も含めて3冊を作家としても書かせていただいています。さすがに本屋さん（書店員）にこそなっていませんが、作家業によって書店とも近い応援者の立ち位置にもなりました。そして、もちろん広告代理店、スタートアップとサラリーマンを続けてきた人生でもありました。そう考えると、意外とこの小学4年生の人生設計から外れていないようです。

中学の頃に紡いだ、恥ずかしい詩にも触れてみる

そして先日、久しぶりに地元の福岡県八女《やめ》市立見崎《みさき》中学を訪ねた際に、内田《うちだ》校長先生から当時、校誌に書いていた文章を見せてもらいました。

❶テーマ：わたしの言葉：人生は頭つきそのもの。By　F・T

まずこれは顔から火が出るほど恥ずかしい、完全に友達と悪ふざけして書いた言葉でした。とにかく「人生＝頭つき」とは、まったく意味がわかりません。それとも、もしかしたら「人生とは？」なんて難しく考え込むのではなく、固定観念を頭突きで壊すように、道を切り開けという深いメッセージがこもっていたのかもしれません。また当時は、イニシャルで自分の名前を書くのがカッコイイと思っていた痛さも垣間《かいま》見えます。

❷一行詩：　授業中　よだれ垂れたら　爆睡中

これもふざけています。しかしこの描写は、電通の新入社員になってからも変わらない自分の特徴を捉えているなと思います。研修中もよくウトウトしていたので同期から同じく「堤＝よだれ」とよく突っ込まれていたからです。

❸詩：「やる気のかけら」

みんな　朝はやる気　１００％
学校に行って　勉強　勉強…
やる気のかけらが削られていく
ほおづえをついて睡眠中
昼休み‼　またも　やる気　１００％
だけど　遊び疲れて　無気力マン

卒業文集に紡いだ夢の言葉

そして先ほどの一行詩を発展させて、こんなくだらない詩をつくりあげていました。目も当てられません。さすがにふざけすぎたのか、卒業文集にはちゃんと自分の想いを残したいという気持ちも湧いてきていたのでしょう。そこで中学3年生の卒業文集には、他の部分は相変わらずふざけているのですが、そのなかの将来の夢という欄だけは、「CMがつくりたい」と、ちゃんと具体的な夢を記していました。

こうして振り返ると、就職活動で落ちまくっても、夢を諦めないでいられたのは、この中学の頃の卒業文集の言葉がお守りのように残っていたからだと思います。いきなり、自分らしい言葉を紡ぐのが苦手でも、まずは昔の自分が書いた文章に触れてみましょう。

WORK 1-2

□ **A基礎**：卒業文集やSNSの昔の投稿など、昔書いた文章を読み返してみよう

□ **B応用**：当時と今を振り返ってみて、気づいたことを新たにノートに紡ごう

突然の父からの手紙――

「うまいんだな」理論

突然の「元気ですか」

僕が大学生として福岡の実家を出て京都で学生生活をしていた頃、大工の父から手紙が届きました。あまり父は筆まめなタイプではなかったので、その突然の手紙はとても印象に残っています。今回、実家で荷物を整理していると、その手紙が出てきました。これも何かの縁だと思い、ここで紹介したいと思います。

藤成君元気ですか
寒さがきびしくなってきたんで風邪をひかぬように気をつけて
うがいが一番いい予防だぞ
京都に行ってからもう一年近くになったなあ

大学の生活も慣れてきたかな

去年はお父さんも忙しいときだった。

（中略）

今お父さんの親せきの家を（建てる仕事を）させてもらっている。

毎日のように何かをもらってくる　野菜とかイチゴなど食べきれないくらい

テーブルの上にドサっとあるぞ。

藤成がいるなら　ペロっと食べてしまうけど。

こんな時に藤成がいれば〜と会話に出てくる。

食物＝藤成だ

野菜果物はちゃんと食べているか

冬はうどんのような暖かい汁ものが

体もぬくもるし、いいぞ。

これから冬の雪も多くなると思うから

自転車通学、用心しろよ。

僕は当時、家賃1万8000円のボロボロの家に住んでいました。そこに福岡の旬の野菜などといっしょに、こんな手紙が届きました。1年前までは同じ屋根の下で、食べ盛りの自分がいた食卓。たくさんの食べ物を前にして、それを食べきれないときに、家を出て行った息子の存在を思い出すこと。僕自身が親になって、息子を持つ身になって、この手紙がさらに心を打つようになりました。

言葉を紡ぐのに「うまく書く」必要はない

父は別にうまく書こうとはしていません。ですが、逆にそれがいい。ただ想いをそのまま感じたままに紡いだだけ。本人にあらためてこの手紙のことを聞いてみても、「こんな手紙、書いたやか」と照れていました。うまいことを言おうとしないからこそ、心に響きます。感情のままに書き綴《つづ》ること。それこそが饒舌《じょうぜつ》でなくとも、一番心を動かす文章になる、と思います。

うまいんだな、これがっ。

（サントリーホールディングス「モルツ」／一倉宏《いちくらひろし》）

この一倉宏さんの書かれたモルツのキャッチコピー。一見ゴロッとそのまま感情を切り取ったようなこの言葉。だからこそ、強く心を揺さぶる力があります。

親からの手紙など、自分が心を動かされた言葉はできるだけ取っておくのがいいと思います。今ならスマホでカシャっとして電子データで保存してもいい。紡ぐことと向き合う場合、まずはそんな身近なところから始めてみましょう。

WORK 1-3

□ **A基礎：手紙や本の一節など自分がこれまで心を動かされた言葉を振り返ろう**

□ **B応用：なぜ自分はその言葉に、心を動かされたのか、その内面を観察しよう**

自分のプラスとマイナスの「感情」に向き合う——

「アウエー」理論

過去の悔しかった「感情」を観察してみる

想いがめぐる物語《ナラティブ》を紡ぐためには、自分がどのような人生を生きてきたのか、その印象的だった過去の原体験を知るのも良い方法です。これは実際に僕が、就活生の頃に取り組んだことでもあります。自己理解のためには、僕は過去にとても悔しかったことなど「自分の感情」を見つめ直すことをお勧めしています。

「CMをつくりたい」という夢を見つけた中学時代。高校生になってからは、クリエーターになりたいという想いから、少しずつ公募のキャッチコピーやネーミングの賞にも応募を始めました。そして大学では、いよいよ全力で夢に向かっての行動の開始です。今思うととても青臭くてダサい肩書なのですが、「夢追いクリエーター」として活動を始めました。

「夢追いクリエーター」の活動の一環として、大学時代に開始したのがブログです。日々の行動を日記のように、ブログに紡いでいました。そして、公募の賞などに応募しなかったアイデア段階のキャッチコピーのボツ案がたくさん溜《た》まってきました。それをなんとか供養したいという思いで、そのボツコピーの山をブログのワンコーナーに綴《つづ》っていました。すると、まさかの事態が起きました。

何と、そのどうしようもないボツコピーを集めたブログのリンクが2ちゃんねる（現・5ちゃんねる）に晒《さら》されたのです。「こんな痛い広告志望のやつがいる」みたいな感じで、「こんなやつがコピーライターになれるわけないwww」みたいにボロボロに叩かれました。それが、本当にめちゃくちゃ悔しかったことを覚えています。

確かに、キャッチコピーのボツ案は、本当にしょうもないぼやきのようなものや、寒いダジャレのようなものばかりです。ただし、そのブログに載せていたボツコピーの山は、自分がどれだけ言葉を積み上げてきたかを確認するためのものでした。

もちろんブログに大量の寒すぎるボツ案を載せると、「センスがない」ように映るのかもしれない。それでも、誰も夢をバカにする権利はないはず。僕は泣くほどの悔しさを抱え、その悔しさを紙に書き殴りました。悔しさや情けなさや弱音も、コンプレックスなどドロッとした感情さえも一度紙に書き出すことで、冷静に客観視することができます。

悔しさが闘志や喜びに変わった瞬間を振り返る

このバカにした奴らを見返せるほどのコピーライターに、「絶対になってやろう」と闘志を燃やしました。『スラムダンク』（井上雄彦《いのうえたけひこ》、集英社）の「がけっぷち精神」のように、試合でもアウェー戦など、逆境で勝つほうがかっこいいなというイメージが浮かんできました。そして自分はこんな風に人の夢を笑ったり、バカにしたりする人間にはなりたくない。むしろ、誰かの夢を全力で応援できる人になりたいと思うようになりました。

夢を笑うな。夢と笑おう。
（藤田《ふじた》ニコル×SHIBUYA109／小藥元《こぐすりげん》）

まさにこの渋谷《しぶや》109のキャッチコピーのような感覚です。結果、自分自身もその悔しさを燃料に、夢につながりそうなことはなんでもトライしました。それでテレビ局の報道カメラマンのアシスタントというハードなバイトに身を捧げたり、大学でもCMを研究するサークルを立ち上げたり、学生ながら単身で海外の広告祭を見に行くなど、がむしゃらにできることをやり続けることができました。また、夢追いクリエーターとして、京都の小さなギャラリーで夢を応援する言葉の個展を開いたりもしました。

こうした夢へのがむしゃらな取り組みの一つとして、「コピーライター養成講座」という、そのままストレートな呼び名のコピーライターの学校に通うことにしたのです。当時この講座では、いいコピーを書いた者には第一線で活躍する講師から「金の鉛筆」なるものが与えられる制度がありました。自分は中学からずっとこの広告の道に進むべく、研鑽《けんさん》を積んできたつもりでした。いろんな広告業界やクリエーターの本を読んで、学んできたという矜持《きょうじ》があったのです。

しかし、講座が始まると、まったく評価されないのです。こんなはずじゃない、という思いが強く、焦りに変わりました。肩身が狭くなり、どんどん泣きそうになりました。そんなとき「史上最低の遊園地」など、「としまえん」の広告で名を馳せていた岡田直也《おかだなおや》さんが教える講義がありました。そこで出されたお題が、「東京人を大阪に呼ぶためのキャッチコピー」でした。100本提出せよとのことで、100本、なんとか捻《ひね》り出しました。

アウェーで戦ってみませんか？

受講生120人×100本＝1万2000分の1。その1位に、この僕の書いたコピーが選ばれました。その講師を務めた岡田さんは、「キャッチコピーは、商品と自分の関係性のなかで紡がれるもの」だと教えてくれました。

僕がこのコピーを書けたのは、あの辛かった2ちゃんねる事件があったからかもしれない。逆境をアウェーでの試合のように捉えて、前向きに戦ってみよう。そう思えた感覚が、「東京人を大阪に呼ぶ」という課題にシンクロしたのだと思います。

こうしてようやく一本の「金の鉛筆」を手に入れたことで、「自分はコピーライターを目指し続けよう」と思えたのです。今振り返っても、もしも講座でただの一本のコピーも評価されなかったとしたら、僕はコピーライターの道を諦めていたかもしれません。

ちなみにその後、本格的に就活が始まってからは、いくつかの広告の会社のインターンを受けました。なのに、本番の就活——。意外なほどに、落ちる、落ちる。広告のために頑張ったことが、広告オタクとして敬遠されたのです。そしてなぜか、運よく第一志望だった電通の面接だけはうまく楽しく話せたのです。だから受かったときは、涙が出るほど嬉しかったことを覚えています。

紡ぐと見えてくる「人間万事塞翁が馬」

そう考えるとあの日の苦しい状況が、コピーを書かせてくれたともいえそうです。良いことも悪いことも、すべて運命のめぐり合わせに感謝してもしきれません。

こうしてみると自分の人生はあの頃に書いた「東京人を大阪に呼ぶコピー」を体現しているようなものです。「アウェーで戦ってみませんか?」の言葉の通り、常にアウェーを感じる環境に挑戦してきた人生だといえるかもしれません。偶然であっても、その言葉は自分の生き方を表現するものだ、といえることもあるのです。

WORK 1-4

□ A基礎：自分の想いの原点を振り返って、言葉で紡いでみよう

□ B応用：俯瞰して見えてきた自分がやりたいことと向き合う気持ちを言葉にしよう

想いは情緒と感性に乗せて——

「熱量」理論

好きなものについて熱量を込めて語ることが一番の教育

「言葉を紡ぐ楽しさ」というテーマと向き合いながら言葉を紡いでいたら、ふと言葉を紡ぐ楽しさをイキイキと語られていた中学時代の国語の授業の光景が浮かんできました。

国語を教えていた田川《たがわ》先生は、教科書で扱う内容だけでなく、先生が好きなミステリーや怖い話についてたくさん物語を聞かせてくれました。

例えば、江戸川乱歩《えどがわらんぽ》の『赤い部屋』という話で教わった「言葉ひとつで人が死ぬ可能性もある」という言葉が持つ怖さ。阿刀田高《あとうだたかし》の『西瓜《すいか》流し』から教わった、人間の愛憎たっぷりの心根と、言葉による喩えの表現の豊かさ。言葉は一般的な道徳的教訓を語るだけでなく、本来見たくない嫉妬や負の感情など、人間まるごとすべてを語りつくせる可能性があるということ。何よりも、先生自身が毎回紹介する小説をとても好きなんだなぁという熱量が、学生時代の自分やクラスメートたちをワクワクさせていたのだと思います。

本来、国語で学ぶ内容は、「実用的」なだけでなく、生き方のヒントになる「哲学的」なものであり、情緒・感性を磨く「芸術的」なものであること。これらは「授業で大切にしていることは何ですか」という問いに対して、あらためて先生が答えてくれたものです。

学力を伸ばすためや、いい大学に合格するためではなく、人生を楽しむために、情緒を育むために、言葉に触れていくことが大切です。僕のように本来の授業そのものよりも、先生の雑談や脱線からその教科に興味を持ったことがある方は多いのではないでしょうか。

もしかしたら現代の教育においても、「余談だけど」「ちなみに」という、寄り道を楽しめる心と時間的余裕が必要なのかもしれません。人がその教科を好きになるきっかけは、ちょっとした先生の一言や、親や友達から褒められた些細《ささい》な一言だったりするのかもしれません。

受け取るべきものはその「熱」のなかにある

そんな風に学生時代のことを思い出していたら、ふと、このコピーが頭のなかに浮かんできました。

とどけ、熱量。

（大塚製薬「カロリーメイト」／福部明浩《ふくべあきひろ》）

学校を舞台に、カロリーメイトは、栄養食品として受験生のそばにいました。思春期のまだ何者でもない学生たちが、それでも何者かになっていきたいと、熱を発散しようとする感覚。このキャッチコピーには、そんな祈りが込められているかのようです。

言葉を紡ぐことを好きになり、ただ楽しんでいること。自分が紡ぐ言葉に、その想いが乗ってこそ、心に響いていく。想いがめぐるそんな言葉を熱量を込めて伝えていきたいなと思いました。

WORK 1-5

□A基礎：身の回りにある「熱量の高い言葉」を探してみよう

□B応用：言葉の熱量がどのような表現に込められているか、見てみよう

口火を切るから、すべては始まる——

「夢は、口に出すと強い」理論

口にすると現実が動き始める

「口火を切る」という言葉があります。これは火縄銃の火蓋《ひぶた》を開け、火をつけたことに語源があります。このように、夢は誰かと分かち合うからこそ、動き出すのです。

僕自身も中学生の頃、地元八女市で「ＣＭをつくる人になる」と周りに伝えたところ、その反応はさまざまでした。わが家は農家や職人の家系で特にマスコミなどの仕事をしている人もいません。「そんな夢みたいなことば言わんと、現実ば見らんね……」と言われたこともあります。「世の中そんなに甘くなかとぞ」と言われたこともあります。

そんななか、「そんなら、電通ば目指してみたらよかとじゃない？」と中学の先生が初めて広告会社という存在があることを教えてくれました。それまでＣＭがつくりたいと思っていたけれど、それをつくっている会社があることや、それを職業とするコピーライターやCMプランナーという職種があることは知りませんでした。初めて自分の「夢ややりたいこと」が「職業や道筋」としてつながった瞬間でした。夢ややりたいことにつながる道筋など、想いの最初は誰もわかっていません。しかし、口に出すことで、その夢を実現するために自分が動き出し、世の中のさまざまなものとつながり合い、運命が動き出すのです。

このように、いつだって、自分のやりたいことや夢を語ることで、人生は切り開かれてゆくのです。「どうすればその夢をかなえられるか」なんて最初は考えなくてもいいのです。初めからすべてを見通せる人間なんていません。まずは「これがやりたい」と想いを紡ぎ、口に出すことで世の中から反応が返ってくるのです。

「なぜ、やりたいの？」と問う人がいるでしょう。それは自分がなぜその夢ややりたいことに取り組みたいのかを言語化するきっかけになります。

「それは無理でしょ」と否定する人がいるでしょう。そのときは、自分がその意見に反対してまでもやりたいことなのか、その覚悟を試す良い機会になります。

「いいね」と肯定してくれる人がいるでしょう。それは自分のモチベーションを上げるきっかけになります。

「こうしたらいいと思うよ」と具体的にアドバイスをくれる人もいるでしょう。それは夢に向かって一歩踏み出す力になります。

「知り合いの○○さんを、紹介しようか?」と言ってくれる人もいるでしょう。それにより次元が引き上げられるような出会いがあるかもしれません。

誰だって、最初は実績がないし、自信もありません。でも、だからこそ、最初に自分の想いを分かち合うことから始めるのが大切なのです。

注文しなければ、料理は運ばれてこない

例えば、レストランに入ったとしても、注文しなければ料理は運ばれてきません。まずは「○○ってありますか?」と自分が欲しいものをリクエストしてみましょう。もちろん、売り切れになっていたり、そもそもメニューになかったりすることもあるでしょう。そのときは、また別のお店に行ってみればいいのです。

また、「クルミのチェロ」など聞いたことがないお酒だったとしても、気になったらトライしてみればいいと思います。意外とハマるかもしれません。そうして自分なりの試みを続けているうちに、いつかおいしい食事とワインを出してくれる、そんな行きつけのお店も見つかるかもしれません。このように自分がやりたいことを口に出すことによって、物事は動き始めます。まずは想いを言葉にして紡ぎ、目の前の誰かにSNSなどで打ち明けること。そこから、すべては始まるのです。

夢は、口に出すと強い。

（集英社「週刊少年ジャンプ」／小野麻利江《おのまりえ》、馬場俊輔《ばばしゅんすけ》）

これは「〝海賊王〟に!!! おれはなるっ!!!!」と語る『ONE PIECE』（尾田栄一郎《おだえいいちろう》）のルフィや「オレがなりてえのは火影《ほかげ》だ!!」と語る『NARUTO-ナルト-』（岸本斉史《きしもとまさし》）の主人公ナルトなど歴代の漫画の主人公たちのビジュアルに添えられた「少年ジャンプ」のコピーです。そのためにはまず自分のなかにある想いを言葉として紡ぎ、考え始めること。きっと言葉を口に出していくことで、答えは見つかるはずです。

WORK 1-6

□ **A基礎**：やりたいことを三つ、ノートに書いてみよう

□ **B応用**：やりたいことを友達や知り合いに伝えたりSNSで発信したりしよう

第2章

内面をたがやす
「志《パーパス》」を紡ぐ

希望とは、
もともとあるものともいえぬし、ないものともいえない。
それは地上の道のようなものである。
もともと地上には道はない。
歩く人が多くなれば、それが道になるのだ。
—魯迅《ろじん》
(中国の作家・思想家)

内省で自分のルーツを探る——

「ちゃんと」理論

内省しなければ、人格はたがやせない

「想い」を「物語《ナラティブ》」として語ることができたら、今度はそんな自分自身を内省し、その応援してもらえる自分になるために内面をたがやしてみるのもいいかもしれません。

それは自分軸となる言葉、最近では「パーパス」ともいいます。例えば、自分がリンゴを育てたいと思ったときに、まずはそれを植える豊かな土壌が育っていないと、大きなリンゴを実らせることができないことと似ています。だから、自分らしい言葉を紡ぐためにも、まずは焦らずに自分のルーツを深掘りしていくことが大切です。

僕の例でいえば、今年オランダからの帰省に合わせ、敬老の日の前日に祖父母の住む家に泊まりに行きました。祖父は92歳、祖母は85歳。今もまだ元気に暮らしています。普段は多くを語らずニコニコしている祖父が今回は、珍しく「藤成、家に泊まりにこんね」と強く誘

ってくれました。せっかくなので自分のルーツを探るのもいいなと思いました。思えば自分が祖父母の家に泊まりに行くのは、中学生の頃以来なのでもう30年近く経っています。

祖父母の家に行くと、懐《なつ》かしい記憶が蘇《よみがえ》ってきます。仏壇にあるお線香の香り。昔探検した裏山、そして庭の草木。肩も凝《こ》っていないのによく遊びで腰掛けたマッサージチェア。叔父が置いていたスーパーファミコン。正月やお盆に親戚や大工のお弟子さんたちがやってくる賑《にぎ》やかな空間。祖父母の家で久しぶりにゆっくりとした時間を過ごすと、自分の子ども時代の思い出が次々と蘇ってきました。

振り返ると、懐かしい思い出があります。小学生の頃、遊びに行くのがとても楽しみだったこと。祖父母はとても穏やかで優しく、近所の公園や動物園、科学技術館、書店などいろんなところに連れて行ってもらったこと。ゲームセンターのコイン落としゲームで何時間も粘っていたこと。そして、手巻き寿司や「だご汁」という郷土料理や、ポッポしゃん（手羽先のこと）などのおいしい料理をつくってくれていたこと。そんな思い出が紡がれてきた場所でした。

ちなみにルーツを紐解《ひもと》くにように言葉を紡いでいくと、祖父は大工の棟梁《とうりよう》で堤藤吉《ふじよし》という名前でした。その藤吉のもとに弟子入りしたのが、僕の父の堤藤義《ふじよし》です。嘘のような本当の話ですが、漢字こそ違うものの同姓同名の人のもとに弟子入りしたのです。その後弟子の藤義の働きぶりが認められ、藤吉の娘である母と結ばれました。そして、僕と妹が誕生したのです。

何げない記憶のなかに、クリエイティビティのヒントはある

ちなみに、祖父は父に仕事を譲り早めに引退したことで、その後は祖父母でよく旅行に出かけるようになりました。バス旅行などで家を空けるとき、祖父母の家の新聞受けはすぐに一杯になります。

以前、祖父母が旅行に出たと知らずに母とふらりと家に遊びに行った際に、新聞受けに入りきらないほど新聞が溜まっている様子を見て、とても不安になりました。

もしかして、家の前の新聞さえ受け取れないほど体調を崩して、倒れたりしているのかな、と。たくさんポストに溜まった新聞から、そんな記憶が思い出されました。ちなみにそんな小さな記憶を思い出したことがきっかけで、こんなキャッチコピーが生まれました（詳しくは拙著『ほしいを引き出す　言葉の信号機の法則』〈ぱる出版〉をご参照ください）。

となりのおじいさんの新聞受けは、ちゃんと今日も空でした。
「気にかける」から、絆をはじめよう。
（２００９年度新聞広告クリエーティブコンテスト　テーマ：絆）

このように、自分のルーツについて考えることが、自分の内面をたがやす、そんなきっかけになることがあります。ちなみにこのキャッチコピーでは「ちゃんと」という言葉に温かい愛情を込めています。「新聞受けは、今日も空でした」では客観的な事実を述べただけで、その「気にかける」気持ちは伝わってきません。こうした細やかな言葉のニュアンスにも、まさに気をかけることが言葉に感情を乗せるポイントです。

ところで祖父母の家に泊まって気づいたことは、あの元気だった祖父が、少しずつ耳が遠くなってきていたことです。ですが祖父はあまり聞こえなくなっても、いつも楽しそうにニコニコしています。僕は耳元で「料理、おいしいかね」とか、「じっちゃん、元気にしとかやんよ」など、大きな声ではっきりと語りかけます。それがちゃんと伝わったら祖父は、クシャっとシワを広げて笑顔になります。

「老いていく」ことを前向きに捉えてみる

そういえば思考の寄り道をしますが、人間は老いていくにつれ、なぜ耳が聞こえにくくなったり、目が見えにくくなったりするのでしょうか。

それは、もしかしたら人の晩年は「自分にとって本当に大切なことだけを受けとる」生き方が許されているということかもしれません。あまり耳に入らないからこそ僕も本当に伝えたいことだけを意識してはっきりと伝えます。それ以外の時間はただそばに座って一緒に同じ方向を向いてテレビを観る。同じ時間と場所を共有するだけで、つながっていられる感覚は持てるのです。

「死ぬときぐらい好きにさせてよ」

（宝島社／太田祐美子《おおたゆみこ》）

これは女優の樹木希林《ききききりん》さんが亡くなる2年前に出された、宝島社の企業広告のキャッチコピーです。人間は歳を重ねる過程で身体的には衰えていきますが、思い出は増えていき精神面はいつまでも成長し変化し続けることができます。いずれ記憶が朦朧《もうろう》としたとしても、自分の内面だけは、自分なりの解釈や思い出だけは、誰にも規制することはできません。

僕たちは誰もが平等に死への階段を一つひとつ上っていきます。そのなかで当たり前だと感じてきたことが少しずつ失われてゆき、これまでの「当たり前」がいかに「有り難いこと」だったのかと気づくのかもしれません。

僕自身、小耳症《しょうじしょう》という右耳が聞こえない障がいがありますが、残った左耳からしか聞けないからこそ「音」を味わうことがとても尊いものだと感じます。だからTHE YELLOW MONKEYやそのボーカリスト吉井和哉《よしいかずや》さんなどの好きなアーティストのライブに行くなど、音楽に触れることが好きです。耳で聞くことでもまた情景が浮かんできます。おっと、また愛犬サンデーが可愛いメスのポメラニアンを見て駆けて行ったように寄り道をしてしまいました。

ルーツを知ると自分の輪郭が見えてくる

言いたかったことは、自分の祖父母や両親など、自分のルーツを知ることは、自分自身を掘り下げる良いきっかけになるということです。もちろん両親がいない方もいると思うので、その場合は育ててくれた誰かのことを考えるといいと思います。今、あなたがこうして生きていること、その道のりを振り返ってみましょう。何かしら、自分の原体験となるような出来事を思い出せるはずです。こうした思い出を頼りに言葉を紡ぐこと。そんなことからも、新たに言葉を紡ぎ、自分の内面はたがやせるのです。

ちなみに92歳の藤吉は最近、野球中継を見ながら、スコアカードをノートに記録することと、テレビで出てきた英単語を覚えるという新たな取り組みを始めました。こうするとテレビが能動的に頭を使うものになるそうです。「100歳以上の高齢者は、9万人を超えとるげなよ（2023年9月時点）」と新聞で読んだ知識も教えてくれました。祖母はインスタグラムを使えるようになっていました。いつまでも新しいことに挑戦し、人生を味わう祖父母なら、きっとまだまだ長生きしてくれるはずと、頼もしく思えました。

WORK 2-1

□ **A基礎：自分の祖父母や両親との思い出について考えてみよう**

□ **B応用：自分の祖父母や両親との思い出をノートなどに紡いでみよう**

イメージの扉をひらく――

「息つぎ」理論

習いごとが教えてくれたことは、習いごと以外の部分にある

自分の家系を見つめるだけでなく、自分の幼少期の原体験について考えることも良いと思います。例えば、昔の習いごとや部活の思い出でもいいかもしれません。僕の場合、小学校時代に取り組んでいたのは、スイミングでした。スイミングスクールといえば、こんなコピーがあります。

お母さんの声援が聞こえるから、息つぎが好き。

（大牟田《おおむた》スイミングスクール／勝浦雅彦《かつうらまさひこ》）

同じく九州出身で『つながるための言葉「伝わらない」は当たり前』（光文社）を書か

れた勝浦雅彦さんの、とても優しいまなざしのするキャッチコピーです。そういえば、自分も水泳は楽しかったのですが、次第に本格的なコースに進んでいくにあたって、どんどん練習が厳しく、しんどいものに変わっていきました。それでも、まさにこのキャッチコピーのように水泳大会で両親に褒められたいがために、必死に練習していました。楽しい。しんどい。しんどい。褒められたら、嬉しい。たまに、楽しい。しんどい。しんどい。やっぱり、褒められたら、嬉しい。でも、やっぱりしんどい。

結局、水泳は自分の耳の手術で物理的に数ヵ月泳げなくなった際に、やめてしまいました。やめても仕方ないよね、という大義名分が与えられたとき、ほっとしている自分がいました。今思えば、本当はそのきつい状況から逃げ出したかったのかもしれません。でも、それは自分にとっては、苦々しい挫折《ざせつ》のようなものでした。

今気づいたのですが、このとき諦めてしまった経験があるからこそ、その後のコピーライターになりたいという夢に関しては、しんどくても何とかやりきれたのかもしれません。今回の書籍のテーマは「言葉を紡ぐ楽しさを伝える」ということですが、やはり言葉を紡ぐのは、決して楽しい瞬間ばかりではありません。そのことは、はっきりと伝えておきたいと思いました。

水泳の「息つぎ」と紡ぐことの「息苦しさ」の類似点

答えが見えないコピーライティングのアイデアを探しているときや、書籍で何万文字を紡ぎ続けてゆくことは、水泳で何キロも先まで泳ぎ続けることに似ています。

ときに息つぎの瞬間に水を飲み込んでしまって、苦しくなる。一瞬、溺《おぼ》れそうになる感覚。それでも、ひとかきしてゴールに近づいていく。そしてなんとか泳ぎついた瞬間の開放感と達成感。やはり、苦しい練習を経たからこそ、泳ぐのは速くなるし、自己タイムを縮められたことや勝利の喜びを味わうことができます。

水泳において、速く進む選手の泳ぎ方は、フォームが綺麗《きれい》で、一見優雅で力を込めていないように見えます。一方、水泳を習いたての子どもは、力がガチガチに入りすぎていて、ビート板を持って足をバタバタと水を激しく蹴っています。力を入れて思い切り水をかいているにもかかわらず、ぜんぜん前に進んでゆきません。

一方、水泳選手は水の流れに逆らわず、イルカのようにしなやかに水をかき分けて一気に進んでゆきます。これはもしや、「言葉を紡ぐ」ことにも似ているのかもしれません。

意外な部分で、「水泳」と「言葉を紡ぐこと」に、「息つぎと息苦しさ」のリンクを見つけることになりました。こうしたことも、書く前にはまったく想定していなかったことです。やはり、言葉を紡ぐことは、物事を深め知っていくものとして、とても面白いことだなと思います。

それにしても自分にとって、初めは楽しく次第に苦しくなったその水泳の経験は良い財産になりました。先ほどのコピーは、子どもの頃に水泳を習っていた自分としては両親との思い出を呼び覚ますようなキャッチコピーでした。

もしかしたら、良い言葉はそこから多くの情景が呼び起こされてくるものなのかもしれません。ときにはそれが、心に残る歌詞や漫画のセリフであるのかもしれないですね。きっと、心に届く、そんなものを紡いでいきたいと思います。

WORK 2-2

□ **A基礎：自分のこれまでの習いごとや部活の思い出について紡いでみよう**

□ **B応用：その原体験から、今の自分が気づいたこと、学べることは何か考えよう**

対話で言葉を紡ぎ合う——

「つまらん」理論

当たり前の「正論」ほど、つまらないものはない

そういえば「言葉を紡ぐ楽しさ」をテーマに考えていくと、そもそも言葉に苦手意識を持つ人も多いのではないかと思いました。その原因はもしかしたら、一般的な読書感想文や教科書的に学ぶことが、どうしても普通の正しいことや当たり前のことばかりに感じられるからかもしれません。そんなことを考えていたら、この金鳥の殺虫剤のCMのセリフが浮かんできました。

つまらん！　お前の話はつまらん！

（大日本除虫菊「水性キンチョール」／石井達矢《いしいたつや》、山崎隆明《やまざきたかあき》）

父の大滝《おおたき》秀治《ひでじ》さんと、息子の岸部《きしべ》一徳《いっとく》さんという設定でのかけ合いで構成されています。

大滝「キンチョールはどうして水性にしたんだ」
岸部「それは地球のことを考えて、空気を汚さないように……」
大滝「つまらん！　お前の話はつまらん！」

このCMを初めて見たとき、衝撃を受けました。誰も否定できない地球環境への配慮と、商品説明を一喝《いっかつ》しているからです。確かに「地球にいいこと」「商品をよりよく改良すること」は自明《じめい》のことです。だからこそ、そんなこと今さら言われなくてもわかっているよ、というニュアンスが込められているのです。そしてまた、こうしてお金を払ってまで流すCMで自己否定をすることで、逆に「キンチョールが地球のために、水性にしたこと」がきちんと印象に残る構造になっているのです。

そういえば、僕が「楽しいな」と感じた授業をする先生はみんな、それぞれ単に教師としての「当たり前」の役割を超えて、人間としての個性を発揮して自分らしく教えている人たちでした。

先生という役割を超えた指導のなかに、思い出は紡がれる

そこで今回、先ほど登場した田川先生以外にも、久しぶりの実家への帰省に合わせて、これまでお世話になった小学校時代の先生、中学時代の先生、高校時代の先生のうち数人に、お話を聞くことできました。

例えば小学校時代の小川《おがわ》先生は、「私は永遠の21歳よ」と言いながら、生徒からのツッコミを待つような、明るい先生でした。また家庭訪問ではたまたま父が穿《は》いていた靴下が赤色だったので、「あの赤い靴下のお父さんは、元気ね？」と親にもツッコミを入れる感じでした。そんな先生も久しぶりに会うと教師はもう引退されていましたが、「人はいくつになっても変われるとよ」と語る姿が印象的でした。もちろん「永遠の21歳」と言っていた先生の底抜けの明るさは変わらないままでした。

中学3年の頃の担任だった堤先生には、連絡帳での対話のなかからアイデアを膨らませる楽しみを学ばせていただきました。当時のクラスでは担任の先生と連絡帳でやり取りをすることになっていたのですが、僕は日々その連絡帳の欄に、思いついたキャラクター

や、その日学んだ教科書の偉人をネタにしたボケなどのアイデアを書いていました。それに対して堤先生は、赤ペンで一言ずつ丁寧にコメントを返してくれていました。毎回、先生をどうやって笑わそうかというやり取りが楽しくて、発想力を磨くかけがえのない時間だったことに気づかされました。

そして高校時代に生徒会の担当だった武本《たけもと》先生からは、作文の添削《てんさく》や対話のなかで言葉を紡ぐヒントを教わりました。例えば作文を添削するときは、生徒がどんな言葉を言いたいか、その根本にある想いにだけは手を入れないそうです。

いくら先生が表現をうまく添削しても、生徒のなかで伝えたいものが削《そ》ぎ落とされてしまったら、それはもう生徒自身の文章ではなくなってしまいます。だから添削をする前に、「この文章で一番言いたかったことは何？」「なんでそう感じたの？」と生徒に聞いていく。そうした問いのなかで、その生徒は自分自身も考えつくせていなかった深層心理に辿り着けたりします。

だからもしあなたが「言葉を紡げない」と苦手意識を感じているのなら、まずは信頼する誰かに聞いてもらうこと。信頼関係でつながった対話のなかでは、自然なやり取りを通して自分の言葉が見つかります。「言葉を紡ぐのが苦手です」と言う人の多くも、目の前に友達がいれば、自然に言葉を紡げるものです。

自分が発した言葉に呼応して、相手の言葉が自然と紡がれる。それは織物のようなものかもしれません。縦糸と横糸を組み合わせて、綺麗な布を紡いでいくのだなと思いました。

また同級生だった井上《いのうえ》くん、今古賀《いまこが》くんも教職についており、今や立派な「先生」になっていました。先生から教わっていた同世代が、今は教える側に立っていること。それはなんだか不思議な感覚でしたが、自分のことのように誇らしいことでもありました。

このように、あらためて大人になって先生たちと対話をするなかで、生徒だった頃には気づけなかった「たくさんの言葉の贈りもの」に気づくことができました。

自分が受け取ってきた「言葉の贈りもの」が自分の人格を紡ぐ

ちなみに「言葉の贈りもの」といえば、例えば一冊の本を読むこともまた、著者との対話だといえそうです。たとえ人見知りでも、100冊の本を読めば、100人の著者と対話し、言葉を紡ぎ合っていくことができます。

そして同じ一冊の本を読んでも、そのなかで刺さる言葉が一人ひとり違うように、あなたの心に残った言葉が重なり合って、あなたの人格が紡がれてゆきます。道に轍《わだち》ができてゆくように、何度も紡がれた言葉によって、踏み固められ、人格ができていく。その人が浴びてきた言葉の蓄積、それがその人自身の人格となってゆくのです。

ぜひ「つまらん」と一喝されるような当たり前の価値観に留《とど》まるのではなく、いいなと思う友人や上司、先生、メンター、本の著者など、できるだけ多くの言葉に触れて、自分のなかに残る言葉を集めてみてください。そうするなかで、3年後、10年後に、こんな大人になっていたい、と憧れる理想の自分や目指す志のようなものも、少しずつ見えていくと思います。

WORK 2-3

- □ A基礎：これまで言葉を交わしてきた親や友人との対話を振り返ってみよう
- □ B応用：憧れのメンターや書籍を通じて「理想の3年後の自分」を考えてみよう

言葉を紡ぐ場所が想像力を助ける――

「言葉のリレー」理論

問い見つめ直す場所の力

言葉を紡ぐときに、その紡ぐ場所が僕らのクリエイティビティを後押ししてくれることがあります。先日訪れた東京浅草《あさくさ》のホテル「TOE《トウ》 LIBRARY《ライブラリー》」は、まさに内省を深め言葉を紡ぐのにぴったりの空間でした。

「問い見つめ直し、一歩踏み出す」をテーマにした空間。じつはオーナーの西尾《にしお》嘉朗《よしろう》さんは就活生の頃の友人なのですが、「toe（一歩踏み出すときは、つま先から踏み出す）」をイメージして、この名前をつけたと教えてくれました。カフェスペースとしての「奥浅草文庫」では、日常を片隅に置き、〝大切〟を想い育む時間を届けています。それでは僕たちもくつろぎの空間に腰を落ち着けながら、じっくりとイメージを膨らませてみましょう。

先ほどの先生たちの話から紡いだ言葉を書きながら、さらにイメージを広げていきます。そういえば、「先生」って不思議な言葉です。「先に生きる」と書いて、先生。まさに「教える」なかで、言葉の贈りものが紡ぎ、次の世代に言葉を託していく存在。対話し言葉の贈りものをリレーしてゆく存在です。そこから「言葉のリレー」というキーワードが浮かんできました。そういえば、ネスカフェのＣＭで谷川《たにがわ》俊《しゅん》太《た》郎《ろう》さんの「朝のリレー」という詩を使ったものがあります。

カムチャツカの若者が
きりんの夢を見ているとき
メキシコの娘は
朝もやの中でバスを待っている
ニューヨークの少女が
ほほえみながら寝がえりをうつとき
ローマの少年は
柱頭を染める朝陽にウインクする
この地球では

いつもどこかで朝がはじまっている

ぼくらは朝をリレーするのだ
経度から経度へと
そうしていわば交替で地球を守る
眠る前のひととき耳をすますと
どこか遠くで目覚時計のベルが鳴ってる
それはあなたの送った朝を
誰かがしっかりと受けとめた証拠なのだ
〈谷川俊太郎「朝のリレー」『これが私の優しさです 谷川俊太郎詩集』〈集英社文庫〉より〉

この詩は惚れ惚れするほど、本当に素敵だなと思います。この「朝という時間のリレー」を、「言葉のリレー」に置き換えても成立すると思います。
はるか昔の知恵を、言語や本として次の時代へと語り継いでゆく。また英語が日本語になったり、別の言葉になったりと緯度や経度を超えてゆく。このように、交替で地球を守り続けているのかもしれません。

旅するように言葉を紡ごう

やはり、心地の良い空間のなかで言葉を紡いでいると、カムチャツカから、メキシコ、ニューヨーク、ローマまで、内面の旅もより心地よく壮大に広がってゆくことを感じます。もしあなたが「言葉を紡ぐことができない」と感じているなら、思い切ってオフィスや自宅から飛び出して、お気に入りのカフェや自然のなかなど、紡ぐ環境を変えてみてください。ちなみに村上春樹《むらかみはるき》は『ノルウェイの森』(講談社文庫)を、ギリシャのいくつかの島とイタリアで書いたといいます。非日常のなかで紡ぐ言葉もまた、普段の自分を超えた広がりをつくってくれるのかもしれません。

WORK 2-4

□A基礎：言葉を紡ぐのにぴったりな、自分のお気に入りの場所を探してみよう

□B応用：普段の自分が行かない非日常な場所で、内省しつつ言葉を紡いでみよう

聞き間違いやパロディで無意識を捉える――

「冷えてます」理論

常識から飛び出せないなら、パロディや聞き間違いに乗っかれ

内省したり、自分を掘り下げる際に、「挑戦する自分になりたい」などと普通に書いても広がりが出にくいと思います。そこで例えば、「広告業界における孫悟空《そんごくう》のようにワクワクするチャレンジをし続けたい」など、キャラクターや動物を頭に浮かべたほうが発想を広げられるかもしれません。

また、『創作講座　料理をつくるように小説を書こう』（山本弘《やまもとひろし》、東京創元社）のなかに、「キャラクターはイメージが壊れる瞬間が最も魅力的である」という言葉が紹介されています。確かにあの人は動物でいえば「猿」のようだとイメージしたとしても、天真爛漫《てんしんらんまん》な猿なのか、静かで聡明な猿なのかなど、細部のキャラクターは違っていていいはずです。

さらに普段は明るいけど、失敗したときの落ち込み方は半端《はんぱ》ない、など意外性のある特徴を加えることで、自分のイメージを言語化することができます。ちなみに内省しつつ言葉のイメージを広げる際には、こんな単語をずらしたキャッチコピーも参考になります。

プール冷えてます

(としまえん／岡田直也)

この岡田さんの「プール冷えてます」というコピーは、居酒屋によく掲載されている言葉であるビールの「ビ」を「プ」に変えるだけで、夏の暑い日キンキンに冷やされたプールに家族で遊びに行きたいという欲求をみごとに表現しています。こうした、一文字や一単語ずらすやり方は、発想を飛躍させるのに良い方法です。

また、聞き間違いも着想のヒントになります。これはシンガポールで起業した方から聞いた話ですが、「ポイントカードは、お持ちですか?」を「ポイントカードは、お餅《もち》ですか?」と聞き間違えたことから生まれたコントがあるとのことでした。ちょっとした聞き間違いさえも、新しい言葉を紡ぐきっかけになると考えたら、ワクワクしてきませんか。

誰かの言葉に触発されて言葉を紡ぐこと

使いどころは気にしなければいけませんが、パロディのように言葉を当てはめて発想していくアプローチもあります。僕の妹が親族との旅行で母への感謝を込めて紡いだ手紙もまた宮沢賢治《みやざわけんじ》の『雨ニモマケズ』を参考に、ユーモラスに表現したものでした。

夫にも負けず　年にも負けず
失敗の連続にも負けぬ丈夫な心を持ち
遅くまで仕事をし
いつもゲラゲラ笑っている

1日に多めの菓子と少しのご飯と少しのお酒を飲み
あらゆることをポジティブに変換し
よく聞いているようですぐ忘れ

東にお客様あれば行って話をし

西に割引あれば行って手に取り
南に楽しきことあれば行って参加し
北に孫ありとあれば飛んでいき

そんな明るい笑顔で全てを楽しむ
そういうあなたに　いくらかなりたい

妹の母への愛情がひしひしと伝わってきます。ちなみに世の中には、昔から有名な『雨ニマケ』（剣崎《けんざき》克彦《かつひこ》）をはじめ、『雨にもアテズ』『リア充にも負けず』、漫画『雨にも負けず』などたくさんのパロディがあります。それだけ宮沢賢治の詩が日本人の教養として広く浸透しており、社会に愛され続けている証拠ともいえそうです。

WORK 2-5

- □ **A基礎**：理想の自分をキャラクターや動物であらわすとしたら、と考えてみよう
- □ **B応用**：自分の聞き間違いなどから、言葉のイメージを広げてみよう

リズム感を味わい、言葉を磨き上げる――
「バザール」理論

頭ではなく身体で、しっくりくる言葉を選ぼう

自分にぴったりくる言葉を選ぶ際は、単語レベルで調整していく工夫が大切です。その際には五感を活用し、身体的に捉えていきましょう。

そういう意味では「ポリンキー　ポリンキー　三角形のヒミツはね♪」「ドンタコスったらドンタコス♪」「スコーン　スコーン　小池屋　スコーン♪」「だんご　だんご　だんご3兄弟♪」など一連のクセになる言葉のリズムをルール化してCMをつくっていたのが、天才CMプランナーとして名を馳せ、現在は東京藝術大学名誉教授の佐藤雅彦《さとうまさひこ》さんです。

バザールでござーる

（日本電気／佐藤雅彦）

この有名な「バザールでござーる」という言葉は、普通「セール中です」というところをまず「バザールです」と変更。そして「バザー」よりも、印象的な「バザールです」に単語を調整。次に「バザールでござる」という言い方で韻を踏むように改善しています。

さらに「ざーる」と伸ばすことで、より音として繰り返し言いたくなるリズム感を演出しています。これだけでも相当な工夫が施されているのに、このCMの映像ではバザールにかけてオリジナルの猿のキャラクターが登場し、何度も連呼しながらセールを伝えていく。これは印象に残らないわけがありません。

そういう意味では、現代も「ガーリガリ君！ ガーリガリ君！ ガーリガリくーん♪」など、身近にもリズム感あふれる表現はよく使われています。

ちなみに身近な存在でありたいコンビニは、まさに見事にリズムと韻をキャッチコピーに取り入れている代表的な存在です。

セブン-イレブン　いい気分♪（セブン&アイホールディングス）
あなたと、コンビに、ファミリーマート（ファミリーマート）
マチのほっとステーション　LAWSON（ローソン）

文字を読むだけで、音楽が聞こえてきそうですよね。こうした躍動感あふれる言葉は、まるで呪文のようです。言葉の繰り返しが耳から離れなくなります。

言葉の関節を外す

リズム感のある繰り返しの言葉遊びについて、詩人のねじめ正一《しょういち》さんは「言葉の関節を外す」と表現しました。この言葉を繰り返していくうちに、言葉本来の持つ意味から解放されていきます。

ドンタコスッたらドンタコス♪　ドンタコスッたらドンタコス♪　ドンタコスッたらドンタコス♪　ドンタコスッたらドンタコス♪　ドンタコスッたらドンタコス♪　ドンタコスッたらドンタコス……

このような状態を「ゲシュタルト崩壊」ともいいます。ちなみにゲシュタルトとは、形のこと。つまり言葉を繰り返したり、文字をじっと見つめたりするうちに、意味がわからなくなってくる感覚です。

すもももももももものうち　（季《すもも》も桃《もも》も桃のうち）

ちゃうちゃうちゃうんちゃう？　（チャウチャウ、ちゃうんちゃう？）

これらはまさに言葉の関節が外れて、ぐにゃぐにゃになっている感じを受けます。ちなみに今や国語の教科書に載る詩人ねじめ正一さんの、言葉との最初の出会いは、ダジャレだったそうです。「布団がふっとんだ」をはじめ、意味がないからダジャレであること。このように言葉を音や音楽としてみれば、別に言葉を紡ぐことを難しく考えなくても、何度も繰り返し書くのもまたよしという感覚になります。

オノマトペ的な音の楽しさは人間を夢中にさせる

またこれらの「ドンタコスったら」や「ねるねるねるね」などの繰り返しの言葉は、子どもが大好きな「ジュージュー」や「コロコロ」「ぐらぐら」「ぐーぐー」などのオノマトペ的な表現に近いようにも思えます。今井《いまい》むつみさん、秋田喜美《あきたきみ》さんの『言語の本質』（中公新書）によると、こう語られています。

子どもはオノマトペが大好きだ。オノマトペが感覚的でわかりやすいというだけでなく、場面全体をオノマトペ一つで換喩的に表すことができる、声の強弱や発話の速さ、リズムなどに感情を込めやすいなどの理由による。オノマトペは子どもを言語の世界に引きつける。

僕たちはずっと、言葉のリズムに心臓のビートのような繰り返しによる親しみやすさや愛着を感じているのかもしれません。ぜひ、言葉を紡ぐ際に、その声に出して音読したくなるような軽やかな味わいを楽しんでいきましょう。

WORK 2-6

□ **A基礎：自分が音として好きな単語やオノマトペを繰り返し書いてみよう**

□ **B応用：繰り返しなどの手法で、本当に、本当に、伝えたいことを紡ぐ練習をしよう**

言葉のお守りを持ち、志を問い続ける――

「難問」理論

言葉のお守りの効能

この第2章では内省し自分のルーツを探ることから、言い間違いやリズム感で無意識の領域まで内面を紡ぐ旅を続けてきました。それはひとえに自分自身のパーパスを紡ぐためでした。パーパスは、「存在意義」とも訳されます。自分が何のために生まれ、存在しているかを言語化することです。それは自分のための「言葉のお守り」でもあります。

例えば、僕自身は、学生時代には、夢追いクリエーターとしての行動指針に「Active Creative（アクティブ・クリエイティブ）」を掲げていました。とにかくセンスや能力で劣る自分は、人一倍動くしかないと思っていたのです。それを語感的にも覚えやすく韻を踏んで言葉のお守りにして、自分を奮い立たせていました。

そして最近この5年間くらいずっと気に入って使っていた自分のパーパスは、「かなえる、きっかけをつくる」という言葉でした。自分自身が、ずっとその時その時の夢を追いかけて走ってきたこと。またCMや書籍などを通じて、誰かが夢をかなえるそのきっかけをつくることにフォーカスすること。それを自分の使命として活動していました。

ちなみに今思えば、この「つくる」という言葉には、言葉を紡ぐだけでなく、もしかしたらものづくりに人生を捧げた大工の父への憧れと懺悔《ざんげ》も少し含まれていたのかもしれない、なんて思いました。

なぜなら最近まで、自分は何をやってもずっと自信が持てず、「ない」という欠乏感を覚えることが多かったからです。それは今回、言葉を紡ぎながら昔のルーツをさかのぼるなかで気づけたことでもあります。

大工の棟梁をしていた父は、僕を大工の後継ぎにさせたかったのです。だけど自分は絶望的に手先が不器用だったから、休日に家の手伝いをしても、怒られてばかりでした。金《かな》槌《づち》を握っても、釘を打つのではなく、自分の手を打ってしまう仕末でした。とにかく叱られるのが怖く、萎縮《いしゅく》していました。だから僕は思春期の頃から、反発するように大工とはまるで異なる広告の仕事に憧れを持ったのかもしれません。

そして僕は高校を卒業すると、家を飛び出しました。父親の求める息子になれなかったという想いを振り払うように、一途《いちず》に夢を追いかけました。今回40歳を過ぎて、体調を崩したこともあり、実家に長く帰省しました。22年ぶりに2ヵ月近くを実家で過ごすなかで、かつての怖かった父も孫をあやすおじいちゃんになっており、昔はあんなに話をしなかったのに、お酒を酌み交わしていろんな話をするようになっていました。

言葉を紡いで自分の傷を癒やす

作家の本田健《ほんだけん》さんの講義に参加した際、「自分のために文章を紡ぐと、自分の心が癒やされる」と話されていました。これは今回、自分の内面やルーツを紐解きながら、言葉を紡ぐ過程で、心から実感したことでもあります。まさに、自分のなかの癒やされていなかった部分が癒やされるような感覚になりました。

祖父母の愛情やスイミングスクールでの両親との思い出。妹の目を通して見えてきた母の様子。威厳ある父に萎縮して、あの頃いつまでも自信が持てなかった自分に「そんなに無理しなくていいんだよ」と伝えること。また、多くの先生からの言葉のプレゼントを通じて、言葉が持つ可能性に興味を持った過程を知ること。「バザールでござーる」やドンタコスなど、言葉のリズム感がクセになった幼少期の原体験。そんないろんな過去の記憶と記録を紡ぎ直したことで、今の自分の存在をあらためて感じることができました。

そうか。これまで、どうしても自分に自信が持てなかったのは、ちゃんと自分の根っこの部分を見つめ、過去の自分を受容しきれていなかったからなのか。いいことも悪いことも、成功体験も、かっこ悪い自分もぜんぶ受容すること。紡ぐことは、自分の内面をたがやすこと。ようやく実り豊かなリンゴを育てるための、土壌を少しずつたがやすことができてきたのかもしれません。

難問を愛そう。

（本田技研工業「Hondaハート」／三島邦彦《みしまくにひこ》）

これは背筋がピンと伸びる、志のあるキャッチコピーです。これからも内面をたがやすためには、ずっと自分に問い続けることが大切です。またその志のようなものはできれば、想うだけでなく書き記しておくことをお勧めします。

自分を鼓舞するための言葉を宣言しよう

紙とペンを通して外部に出すことで、今の自分の内面を客観視することができます。そしてその志は、韻を踏んだり、リズム感にこだわったりしてみることで、より持ち運びやすく覚えやすい自分専用のお守り言葉になります。

恥をかきたくないからこそ、一度宣言した夢ややりたいことは自分を鼓舞する何より大切なものになる。こうして自分の軸となるパーパスを紡ぎ、豊かな土壌をたがやし、道を切り開いてゆきましょう。ぜひ自分を鼓舞するパーパスを宣言文（ステートメント）にまとめてみましょう。

WORK 2-7

☐ **A 基礎**：自分の軸となりお守りとなる言葉（パーパス）を紡いでみよう

☐ **B 応用**：自分の志を宣言文（ステートメント）にしてSNSなどで宣言してみよう

第3章

覚悟をあらわす「実験《トライ》」を紡ぐ

志を持て、そして気力を養え。
ただしそれだけでは学者にすぎない。
旺盛な行動力を持って行動せよ。
―吉田《よしだ》松陰《しょういん》
（幕末の思想家・長州藩士）

動くことは覚悟をあらわすこと――

「未来より先に動け」理論

行動することでしか、覚悟はあらわせない

難しいからやろうとしないのではなく、やろうとしないから難しいのだ。

これは、ローマ帝国の哲学者であり詩人でもあったセネカの言葉です。あなたが物語を紡ぎ、内面の志をパーパスとして紡いだとしたら、ぜひその覚悟をあらわす実験としてのトライを紡いでほしいと思います。

結局、物事は行動にあらわさないことには、現実は変わってゆきません。でも、あなたはこれまで想いを紡ぎ、志《パーパス》を言葉のお守りとして持ったはずです。それならば、これまで動けなかった場面でもその一歩を踏み出せるようになるはずなのです。

今回の執筆にあたっては、マイケル・マスターソンの『大富豪の仕事術　経済的成功をつかむための具体的で現実的な8つの行動』（ダイレクト出版）に書かれていた言葉が僕の胸に刺さりました。

「作家でありたいのなら、書かなければダメだ。作家というのは、書く人のことを指すのだから」

どうしても構想を練っているだけで、行動している気になってしまいます。しかし究極的には書かなければ、コピーライターや作家ではありません。この言葉を知ってから毎日ほんの少しだけでも言葉を紡ぎ続けるようになりました。やはり覚悟をあらわすために、動き出すことが大切だと思いました。

ちなみに「動く」といえば、初めて本を出したことで、一番変わったことは、本に対する見方が「静的」なものから「動的」なものに変わったことでした。これまではあくまでも「書籍」というプロダクトを味わう消費者的感覚でしたが、それを実際に紡いで今読んでいる本というカタチになるまでの道のりに想いを馳せるようになったのです。

一冊の本は、多くの人々の手によって紡がれる

本はとても長いプロセスと多くの人々の手によってつくられています。まずは著者または編集者の主導で出版企画書をカタチにしていきます。そこから、多くのアイデアや想いを「書いては消して」を繰り返し、何万文字もの原稿を紡いでゆく。そしてそれを書籍として読みやすくするため、デザイナーのアイデアが加わり、表紙がまとめられていきます。

その先に出版社の営業の手を通じて、各書店にその本の想いが伝えられていく。さらに印刷会社で必要な分だけ印刷・製本され、全国の書店へと出荷されていきます。書店では必要な人に届けられるように、書店員さんが一冊一冊、本を並べていきます。そして、ようやく、読者であるあなたの手に届くというわけです。

そう考えると、たった一冊の本を届けるために、どれだけの人の想いが乗っているのだろうと、深い感謝が湧いてきます。たとえ一冊だけでも、抱えきれないほどの想いが乗った本というメディアが所狭しと、書店の棚に並べられているのです。

数千年前の人間の知恵が詰まった古典や、今この瞬間に話題の週刊誌から、最先端の技術や未来を予測するような書籍まで——。人間のさまざまな知への探究の過程とその結晶

が並べられた空間。それは本当に素敵な知のオアシスなのだと思いました。

そういえば、僕が仕事でモヤモヤしたり辛いなと思ったりしたときは、いつも書店に逃げ込んでいました。そこには、必ず今の自分に必要な気づきを与えてくれる言葉がありました。そして本の表紙や中身をさっと読んで気に入ったものを購入し、近くのカフェでコーヒーを飲みながら、読書に耽《ふけ》る。だいたいの悩みはその読書に夢中になっているうちに、軽くなっています。

また学校の図書館や市立図書館にも、足しげく通いました。みんなが本と向き合っているその空間がとても好きだったのです。

残念ながら映画『耳をすませば』のような素敵な恋の出会いはありませんでしたが、書店と図書館のおかげで人生を変えるような著者との出会いに恵まれました。そして本との出会いを通じ、さまざまな行動が紡がれていきました。

本をきっかけに、行動を紡ぐ

例えば、小学生の頃は「かいけつゾロリ」(原《はら》ゆたか、ポプラ社)シリーズに出てくるイシシ、ノシシたちの小ネタが面白く、こんな風にくだらないアイデアをカタチにしたいということで、学級新聞を勝手につくって教室で配りはじめました。

また、五味太郎《ごみたろう》さんの「ことわざ絵本」（岩崎書店）シリーズは絵と言葉の絶妙なバランスが最高で、それを参考に学級新聞に4コマ漫画やイラストを描いたりもしました。そして星新一《ほししんいち》さんのショートショートの切れ味も最高で、ゲームや漫画の続きを考える妄想ノートを書いていたことを覚えています。

中学時代は、司馬遼太郎《しばりょうたろう》の『竜馬がゆく』（文春文庫）における坂本龍馬《さかもとりょうま》の生き方がかっこいいと思うようになり、自分の夢とは？　志とは？　と考え始めました。

また宗田理《そうだおさむ》さんの『ぼくらの七日間戦争』（角川つばさ文庫）などの、「ぼくら」シリーズにも毎回ワクワクしました。当時サッカー部だったのですが、「ぼくら」のように個性を活かしたチームにしたいと、下手なりに部のために行動していたことを覚えています。ちなみに今でも「ぼくら」という言葉は、他の「私たち」などと比べて圧倒的に思い入れが強い単語だったりします。

高校生の頃は、下校の途中で書店に立ち寄り、中谷彰宏《なかたにあきひろ》さんの本を読みまくっていました。中谷さんは、博報堂のCMプランナーから作家になった方であり、「自分が目指している広告の道にはこんなカッコイイ人がいるのだな」とワクワクしたことを覚えています。それにしても書店に行くたびに新刊が発売されていてそのスピード感ある執筆の勢いに圧倒されていました。また同じく福岡出身の五木寛之《いつきひろゆき》さんの『青春の門』（講談社文庫）を読んだときも、まだ見ぬ大学生活への憧れを膨らませ、勉強しようと行動し始めました。

大学生になってからは、寺山修司《てらやましゅうじ》さんの『書を捨てよ、町へ出よう』（角川文庫）が、とにかく行き場のない若さのエネルギーを行動に変えたいというきっかけをくれる本でした。本田健さんの『ユダヤ人大富豪の教え　幸せな金持ちになる17の秘訣』（だいわ文庫）もまた強烈なインパクトがありました。大学生のケンが単身アメリカに乗り込み、大富豪から出されるミッションをクリアしながら大切なものを学んでいく。こんなワクワクする旅をしたいと思うヒントになりました。

そして沢木耕太郎《さわきこうたろう》さんの『深夜特急』（新潮文庫）が旅への憧れの決定打になりました。この3冊の本によって、大学時代は「地球の歩き方」シリーズを片手にバックパッカーとしてアジアやヨーロッパを旅するようになりました。

このように、本は著者・編集者・印刷会社・営業・取次・書店・書店員・図書館・司書・書評家などさまざまな人の手を通じて、僕たち読者に届けられます。そして実際に、僕らが取る「行動」を変えていくのです。

志の先にある具体的な「行動」をあらわそう

内省して志《パーパス》を定めたとしても、志を宣言するだけではダメです。志は行動に移してこそ価値が出てくるのです。そのヒントとなるキャッチコピーがこちらです。

未来より先に動け。

（ヤマトホールディングス／小川祐人《おがわゆうと》、三浦麻衣《みうらまい》）

未来を予測する一番の方法は、自分からその未来をつくり出すことだといわれています。そういう意味では、このヤマトの広告は、前向きに物流を使って未来を紡ごうとする動的な躍動感が感じられます。ちなみに具体的な行動を紡ぐ際には、行動は、シンプルに「リーン・スタートアップ」の左記のフレームで取り組むのが良いでしょう。

Ｂｕｉｌｄ（つくる）↓Ｍｅａｓｕｒｅ（計測する）↓Ｌｅａｒｎ（気づきを得る）

まずは実験的に小さな試作品・サービス（プロトタイプ）をつくってみましょう。顧客からの反応を計測する。そして気づきを得る。そしてまたサービスを改良すること。ここでいうプロトタイプは、紙芝居のようなものでも、実際に体を動かして取り組んでみるようなことでも構いません。頭でっかちになっていつまでも行動できない状態にならないように、ほんの小さなタスクでいいのでアクションを紡いでみましょう。

WORK 3-1

- □ **A基礎：志を体現する今日からできるアクションを書き出してみよう**
- □ **B応用：自分の仮説を検証するための最小限のプロトタイプをつくってみよう**

計測するために、数のゲームを楽しむ――

「いくつになっても」理論

数のゲームを楽しむ、そして数を楽しむ

母は、保険の営業として今でも毎日地元の福岡で元気に働いています。

母はいつも人と会うのが楽しいと言います。実際に営業として人と出会うとき、10人のお客さんがいたら、自分を応援してくれる人が3人、自分とあまり合わない人も3人、そしてその中間の4人が存在するそうです。「3・4・3」なので、営業の世界では「さしみの法則」といわれています。

営業としては、目の前の3人のお客さんにファンになってもらうこと、そして中間の4人にも行動を通じて誠意を示して信頼してもらうことが大切だと教えてくれました。一見当たり前に思えますが、3人が顧客になるだけでなく、意識的に誠実に行動することで7人がファンになる可能性があるのです。つまり、ちょっとした心がけで2倍以上も結果が

違ってくるということです。

ちなみに母は以前勤めていた保険会社が外資系に吸収合併されたときがとても苦しかったそうです。現場も混乱しているなかで、多くのお客さんに頭を下げて説明してまわったみたいです。そのとき逆に非常に多くのお客さんに、温かい応援の声をいただいたそうです。

その経験によって、お客様のために保険のプロとしてしっかりと価値を届けようという覚悟がより決まったということでした。もしかしたら一番しんどい瞬間は、一番のブレイクスルーのきっかけにもなるのかもしれません。

アラン・ピーズとバーバラ・ピーズの著書『自動的に夢がかなっていくブレイン・プログラミング』（市中芳江訳、サンマーク出版）には、「数のゲームを楽しむ」という考え方が提唱されています。

例えば10回電話をかけて1回アポが取れるとすれば、そのアポ数を追いかけるのではなくて、電話に断られた数を数えてもいい。そう捉えれば、断られた数が増えていけばそれだけアポが取れる数もいずれ上がっていくのです。

最初から成功だけを収めようとすると、挑戦できなくなってしまいます。だからあくまでも実験結果を「計測する」ためにトライしているのだと、考えを変えてみる必要があります。ネーミングはAがいいか、Bがいいか。値段はどれくらいが妥当か。まさにすべては「仮説」であり「試み」なのです。

打席に立てる幸せを味わう

僕たちが行動するとき、「必ず成功させる」ではなく、「仮説を試すだけ」と考えると、気持ちが楽になります。それでもまだ行動することに対して、たじろいでしまうあなたにはこんな言葉を贈ります。

お若い方々よ。打席に立ったとき、三振するのも情けないゴロを打ってアウトになるのも、かまわない。見逃し三振さえも許してしまおう。いけないのは、ただひとつ「打席に立っていることがよろこべないこと」だ。その打席に立ちたくて目を輝かせたのではなかったのか。

（糸《いと》井《い》重里《しげさと》『羊どろぼう。』〈ほぼ日ブックス#〉より）

あなたが希望して今の会社に入ったのだから、こうして打席に立つことは、もともと喜びだったはずです。その初心を忘れてはいけません。数のゲームを楽しみ行動し検証していくことには年齢は関係ありません。実際、黒板会社の採用コピーとしてこんなキャッチコピーがあります。

いくつになっても成長しようとする人の　見つめる先に黒板はある。

（株式会社青井黒板製作所／脇田賢一《わきたけんいち》）

黒板をつくる仕事を「まっさらな未来に夢を描こうとする人と生きること」だと捉えるように、いくつになっても数のゲームにチャレンジできる、そんな生き方を紡げるようになっていきたいと思います。

WORK 3-2

- □ A基礎：仮説を計測する実験のために、失敗の数を前向きに数えてみよう
- □ B応用：それぞれの価値観に対して、刺さる言葉を考えてみよう

気づきを紙で残す――

「ロケットも、文房具から生まれた」理論

日記で行動を振り返り、気づきを得る

実験し計測したあとは、行動しっぱなしで終わらないように、気づきをきちんと書き記しておくことが大切です。母は毎晩「10年日記」に、今日あった出来事をコツコツと紡ぎ続けています。ちなみに10年日記とは、一つのページに、毎年の同じ日付が並び、それぞれの年ごとに2～3行で書いていける大きな日記帳です。たった3行程度の短い日記でも毎日書き綴っていくと、いろんな発見があります。

僕も一時期、10年日記をつけていましたが、例えば毎年同じ時期に大体いいことや苦しむことがあることに気づき、自分なりのバイオリズムが明らかになります。また、書いた当時は眠れなくなるほど苦しいと感じていた悩みも、1年後にはそこまで悩む必要もなかったな、と客観的に振り返ることができました。

このように日記帳に気づきを記し、写真や映画の半券など思い出の品を貼り付けていくと、とても分厚いスクラップブックのようなものになっていました。何事もコツコツ続けることで、自分だけの宝物をつくっているかのようです。本田健さんの『「未来を書く」ことで、どんどん夢は実現する』（永岡書店）という書籍には、こんな記述があります。

学んだことのひとつが、やはり大富豪や成功者ほど「紙に書いている」と言うことだったのです。彼らは手帳であれノートであれ、常に紙とペンを携帯して、コツコツと書き留めています。きっと1日のどこかでそれを読み返し、アイデアを練ったり、我が身を振り返ったりしているのだろうと推測できました。

ちなみに「なぜ紙に書くと未来がかないやすいのか」について、言葉のエッセイらしく自分なりに掘り下げてみたいと思います。

僕は何よりも「文字を紙に書くことで物理的な存在としてカタチになる」からだと思います。例えば友達や恋人、両親など、誰かからもらった手紙を5年、10年単位で、ずっと大事に保管している人は多いと思います。では、同じ相手からのメールやＬＩＮＥなどのメッセージを10年単位で保管し続けている人はどれだけいるでしょう。きっと、ほとんどいないはずです。デジタルなメッセージは、受け取った数でいえば紙の手紙の10倍から100倍以上も多いはずです。

しかし、そのメッセージは常に流れていくカタチのないものです。紙に綴った言葉は、手紙、日記帳、手帳、ノート、寄せ書き、文集などとして残り、物理的に留まり続けます。昔の日産セレナの広告で、「モノより思い出」（小西利行《こにしとしゆき》）というキャッチコピーがありましたが、「言葉を紙に紡ぐ」ことは、「思い出を、モノにする」ことでもあるのです。

エッセイ的に「思索的に言葉を紡ぐこと」が最小単位の「試み」だとしたら、「紙に言葉を紡ぐこと」は、「想いをカタチにする」最小単位の「プロトタイプ」なのかもしれません。

お気に入りの文房具が、お気に入りの気づきを紡ぐ

そう考えれば、紙に言葉を紡ぐことが、なんだかとても愛おしく感じられませんか。僕自身も、これまでモレスキンの小さく丈夫なノートにアイデアを記していた頃や、無印良品のシンプルなノートを使っていた時期、また新潮文庫から出ている日付だけが書かれた

白紙の『マイブック』を使っていた時期などもありました。

また最近は、自分のパーパスや中長期的なビジョンなどを印刷し、厚めのファイルに入れて持ち歩くスタイルも気に入っています。今はドイツの文房具メーカー「ロイヒトトゥルム1917」のハードカバーのノートを活用してアイデアやメモをとっています。このノートに付いていた説明書がとても気に入っています。

手で書くこと、それは紙の上で思考することです。思考は言葉となり、文章となり、ビジュアルとなります。想い出は物語になります。アイディアはプロジェクトに変貌します。メモからは展望が生まれます。私たちは、書き、理解し、それを深め、見つめ、思考するのです――手を使って。

手で書くとは、身体で思考すること。これはまさに日記帳やノート、手帳などに「紡ぐこと」の価値だと思います。なぜなら、その言葉を書くときに込めた泥臭い手間ひまがカタチになっているからこそ胸を打つからです。

ロケットも、文房具から生まれた。

（トンボ鉛筆／岩崎俊一《いわさきしゅんいち》）

このトンボ鉛筆のコピーは、あらゆる文房具への肯定です。紙と鉛筆の上で、何事も行動を起こし、数のゲームを楽しみ仮説を立て計測すること。そして行動の結果を、気づきとして得ること。手書きの文字の歪《ゆが》みやクセが魅力や味わいに変わるように、こうしたフィジカルな行動から、経験からしか生まれない新たな気づきが生まれます。

失敗を怖がり「完璧主義」に留まって動けないなら、いっそ「寛容主義」になること。行動にあらわし、気づきを得て移り変わる人こそが、進化していけるのだから。

WORK 3-3

□ A基礎：行動し計測した「気づき」を一つ書き出してみよう

□ B応用：行動し計測した「気づき」を三つ書き出してみよう

人工知能と言葉を紡ぐ――
「おしりだって、洗ってほしい」理論

新しい領域の掛け合わせが、イノベーションを生む

僕は電通に新卒で入ってプロモーションの仕事を行なったあと、無事クリエイティブの転局試験を経て、コピーライターやCMプランナーなどのクリエイティブの仕事につきました。

ところがあるとき、デジタルの部門へと異動を命じられました。その辞令を言い渡されたときは相当ショックで、普段はあまり飲まないのに帰りに居酒屋で浴びるようにビールを飲んで帰宅しました（それでも2、3杯ですが）。夢だった広告クリエイティブの仕事を奪われたように感じたからです。

しかし異動したデジタルマーケティングの部署は、結果的に正解でした。なぜなら、まさに時代の追い風が吹き、グングンと成長している部門だったからです。おかげで自分が

磨いてきたクリエイティブのスキルとデジタルの新しいテクノロジーを掛け合わせることで、クリエイティブの部署にいるときよりも周囲に求められる人材になりました。また先述した「進撃の有馬記念」をはじめ、さまざまなメディアに掲載され話題になる事例をつくっていくことができました。

そのなかでもひと際思い出深いのは、2015年に始動した「人工知能コピーライタープロジェクト（通称AICO）」です。これは、コピーライターの先輩の福田宏幸《ふくだひろゆき》さんと静岡大学の狩野芳伸《かのよしのぶ》准教授、僕の3人で始まったプロジェクトでした。

今や「ChatGPT」などで一般化しつつある生成AIですが、当時は自分たちで一から構築する必要がありました。そこで最初は、部活のように3人で集まって議論して小さく始めていきました。

実際、はじめてのプロトタイプには、僕自身の報われないボツコピーを大量に活用し、それをベースにAIに学習させることから始まりました。当時まだ「AIは怪しい」とか「役に立たない」と思われており、AIでコピーを書くなんて、「そんなコピーライターの存在価値を毀損《きそん》するようなことはやめろ」と社内でも反対にあったりしました。

それでも少しずつ熱意と小さな実績を積み重ね、新規事業として社内に賛同者を増やしていきました。その結果、東京本社だけでなく、関西支社や名古屋支社、そしてグループ会社まで含めた総勢100人近くのコピーライターが協力して参加する大きなプロジェクトに発展していきました。ちなみに2016年10月20日（「新聞広告の日」）当時、人工知能コピーライターAICOが紡いだキャッチコピーはこちらです。

新聞広告のセクシーが待っている。

（新聞広告の日：フジサンケイビジネスアイ）

これは人工知能が紡いだキャッチコピーを新聞広告として大々的に活用した、おそらく日本初⁉ の事例になりました。僕はその後2018年にマレーシアへのMBA（経営学修士）留学のタイミングでプロジェクトを離れることになったのですが、AICOはその後もマクドナルドの広告に使われたり、人気YouTuberのはじめしゃちょーとのコラボなどに活用されたりと活躍の幅を広げていきました。ChatGPTなどが流行る7年以上前に、こうした取り組みにトライできたことは僕にとっても良い経験になりました。

コピーライティングの神様に褒めてもらう

ちなみにこの人工知能コピーライターのプロジェクトを通じて、コピーライター界の神様に会うことができました。これまで多くの傑作コピーを生み出し東京コピーライターズクラブ会長を務めていた仲畑貴志さんです。

当時の僕は、コピーライターの偉大な先人たちに比べて自分自身を何とも中途半端なコピーライターだと思っていました。しかし、仲畑さんはこの人工知能コピーライタープロジェクト「ＡＩＣＯ」を面白がってくれたのです（その後、ＡＩコピーライターのＡＩＣＯが仲畑さんに弟子入りする様子は、ＷＥＢメディアの記事にもなりました）。

僕は、コピーライター界の大御所である仲畑さんにＡＩＣＯを褒めていただいたとき、本当に感無量でした。ずっと憧れていたコピーライターの世界。たとえ自分が天才コピーライターとして評価されなくても、自分なりのやり方で多くの仲間と一緒に力を合わせることで、自分らしいクリエイティブの道は開けるということ。たとえコピーライティング能力単体のクリエイティブだけで輝けなくとも、プロモーションやデジタルなど自分らしい経験を掛け合わせることで道は示していけると感じられた、忘れられない瞬間でした。そしてそれが結果的に、電通での最後の仕事になりました。

その後、マレーシアの大学院でまた別の道を目指すことになったからです。自分ははみ出しもののニッチなコピーライターですが、それでも諦めずに泥臭く前を向いて進めるのは、この当時の経験があったからでもあります。

イノベーションは、常識を壊す行動から始まる

そういえば仲畑さんの名コピーに、「おしりだって、洗ってほしい」があります。これはTOTOがウォシュレット機能のついた便座を初めて発売した際に使った言葉です。これまで市場にない商品やサービスは、その必要性がわかりません。それをいかに納得感のある表現で伝えるかは、とても難易度が高いのです。

皆様、手が汚れたら洗いますよね。
こうして、紙でふく人って、いませんわよね。
どうしてでしょう。紙じゃとれません。
おしりだっておんなじです。

おしりだって洗ってほしい。TOTOウォシュレット

（TOTO「ウォシュレット」／仲畑貴志）

人が手を洗うように、おしりの目線で、紙で拭くのではなく、水で洗うことを願う。そのプレゼンテーションの流れがとても鮮やかなのです。

みんな結局、自分以外のものにはなれません。だから「おしりだって、洗ってほしい」し、「新聞広告だって、セクシーだと言われたい」し、「人工知能だって、褒めてほしい」。もちろん人間だって、自分らしいやり方で自分の道を切り開いていきたい生き物なのです。

WORK 3-4

□ **A基礎**：自分が壊したい常識が何かを考えてみよう

□ **B応用**：自分の行動につながるキャッチコピーをChatGPTなどで書いてみよう

第４章

社会をうるおす「学び《ラーニング》」を紡ぐ

私たちのすることは
大海の一滴にすぎないかもしれませんが、
その一滴の水が集まって大海となるのです。
―マザー・テレサ
（修道女・ノーベル平和賞受賞）

マレーシアに学ぶ、異文化理解の紡ぎ方――

「海外追放」理論

「理解できない」から、逃げない

あなたが物語《ナラティブ》を紡ぎ、志《パーパス》を紡ぎ、実験《トライ》を紡いできたとします。するとその実験の結果、きっとなんらかの壁にぶつかっていることでしょう。それは健全な悩みです。フランスの数学者もこんな言葉を紡いでいます。

私が自分の体験で得た重要な教訓のひとつは、「何も理解できないという感覚に立ち向かわないかぎり、何かを理解することはできない」ということだ。きっと、このわからないという感覚によって生来の学習能力が最大限に発揮されるのだろう。

〈ダヴィッド・ベシス『こころを旅する数学　直観と好奇心がひらく秘密の世界』〈野村真依子訳、晶文社〉〉

この壁にぶつかるからこそ、自分に足りない領域の学びの必要性に気づけるのです。どれだけ強いインパクトを受けるかが、その後の学びの吸収力に関わってくるのです。

「強い衝撃」といえば、電通時代の同期のコピーライターだった見市沖《みいちおき》さんのキャッチコピーもなかなか強烈でした。

#採用やめよう

（ランサーズ／見市沖）

これはコロナ禍に、クラウドソーシングサービスのランサーズが打ち出した広告です。新聞広告のなかでこのコピーをあえて上下逆さまに掲載し、「採用をやめること」で正社員中心の働き方を見直そうと、逆転の発想で社会に問題提起した広告でした。

1年次から全員海外追放。どSすぎるカリキュラムで、グローバルリーダー育成。近畿大学国際学部、開設。

（近畿大学／見市沖）

こちらのキャッチコピーも、また強烈です。あえて「海外追放」や「どS」など大学や教育から一見遠く見える言葉を使うことでインパクトを打ち出しています。

マレーシアでの多様性あふれる文化の衝撃

「衝撃的な経験」といえば、僕と息子が体感した「マレーシアでの教育」もまたなかなかのインパクトでした。そもそも、なぜ僕たち家族がマレーシアに住むことになったかというと、それは夫婦の英語へのコンプレックスでした。

英語が話せたら開かれた、華々しいグローバルキャンペーンや海外転勤の道。しかしドメスティックに生きてきた僕たち夫婦には、なかなかそんなチャンスはやってきません。それで息子には、同じような苦労はかけたくないよね、とよく話をしていました。

そんななかで、同じくクリエイティブの仕事をしている妻がマレーシアの日系企業のインターンの道を見つけてきました。それでまずは、妻と息子での「母子留学」が決まったのです。とはいえ、実際にマレーシアで働き始めると、さすがに慣れない海外で子育てと両立するのは難しく、なんとか僕も一緒にマレーシアに住んでほしい、という話になりました。しかし、いくら転勤の希望を出しても、海外赴任のポストは限られています。帰国子女の人でもなかなかそのポジションを得られない状況にもどかしさを感じました。

それで一旦会社を休職して、自費でマレーシアの大学院に留学することにしたのです。なぜなら当時、MBA留学であれば2年間の休職が認められるという制度があることを見つけたためです。特に経営に興味があったわけではないのですが、家族で一緒に過ごすにはこの方法しかありませんでした。

とはいえ、英語が苦手だったので必死に勉強しつつ、語学力の低さは事前に日本語の経営に関する本で勉強してから臨む予習スタイルで対応し、苦手なレポートなどはパワーポイントの資料作成スキルなどでカバーしました。もちろんグーグル翻訳などテクノロジーの進化にも大いに助けられながら、なんとかやっていくことができました。

言葉の通じない外国の教室でのサバイバル体験

次に子どもの教育について語っていきましょう。それにしても、息子にしてみれば青天《せいてん》の霹靂《へきれき》です。いきなり小学2年生になったタイミングでマレーシアでの学校生活が始まったので戸惑ったはずです。慣れ親しんだ日本語の環境から、いきなり英語とマレー語、たまに中国語が飛び交うカオスな教室に連れてこられたため、息子は最初の授業で、名前だけを書いて、後は机の上で突っ伏して寝ていたようです。確かに僕が子どもだったとしても、いきなり言葉のわからない完全な異文化に飛び込んでしまったら、同じように現実逃避したくなる気持ちになります。

初めはそんな様子だったのでハラハラしていましたが、その後の息子の適応力は本当に素晴らしいものでした。最初は、様子を見ながら距離を測っていたマレーシアの子どもたちも、忍者が登場する『NARUTO-ナルト-』など日本の漫画やアニメのコンテンツの真似をしたり、サッカーをして遊んだりするうちに、少しずつ友達の輪が広がっていきました。そして息子はあっというまに、自然な友達関係を築き上げていきました。

ちなみに、海外母子留学などを検討されている方は、性格などによっては海外に適応できず塞ぎ込んでしまう子もいるので、できれば夏休みだけの短期母子留学などで様子見しながら慎重にトライするのがいいと思います。

子どもの教育に関して印象的だったのは、マレーシアの学校で開催されていた国際デーのイベントでした。マレーシア人、インド人、中国人、韓国人、日本人。肌の色も宗教も違う、さまざまな国の人が一堂に会し、それぞれの国の楽器や食べものを紹介したりしていました。そして、その小学生たちは見学に来た親たちに対して、それぞれが自分たちの国の代表のように堂々と説明をしているのです。その姿が誇らしく感じられました。普段、日本で暮らしていると日本の当たり前に何の価値も感じないのに、異国では日本の当たり前が、素晴らしい感動として受け取られることもあるということを知りました。

それにマレーシアではイスラム教の方は、豚肉が食べられなかったりお酒が飲めなかったりするため、居酒屋的な場所なのにお酒が置いていなかったりします。ジュースを飲みながら、ワイワイ盛り上がっているのです。

また、スーパーマーケットなどでは、豚肉やお酒のコーナーは奥の目立たない場所に配置されたりします。仕事の効率よりも宗教が一番上位の概念にあるため、1日に何度もお祈りの時間で仕事が中断することにも誰もイライラしません。こうしてマレーシアの教育からは、一人ひとりが違って当たり前、またそれぞれ大事にしている価値観が違うからこそ、異文化で互いを尊重し合うことの大切さを学びました。

それに僕にとっても家族で住むためという消極的な理由での大学院進学でしたが、実際経営学やマネジメントについて学んでみると意外と面白く感じました。自分の興味がクリエイティブの領域に偏《かたよ》っていたなかで、新たにスタートアップなども含めた興味の幅が広がりました。そしてなんとかギリギリMBAを取得するというタイミングになって、この先のキャリアについて考えました。せっかく息子も海外で楽しそうに過ごしていて、自分も自腹で大学院まで出たのに、また電通に戻って普通に働く場合、仕事は確かに面白いけれど、ある程度想像がつく未来にしか辿り着けない気がしたのです。

それなら、どんな未来に辿り着くかわからないけど、新しい挑戦をしたいと思うようになりました。そこで、代表者がグーグル出身で、新しい領域に挑戦していたスタートアップで働き出すことにしました。それによって、コロナ以前は珍しかった海外からのリモートワークという働き方にチャレンジすることになったのです。

こうしてみると一つの言葉を紡ぐことでまた次の流れが生まれてくる感覚が見えてきます。ひょっとしたら、言葉で新たな学びを「紡ぐ」ことは、「続く」に似ているのかもしれません。つまり人は言葉で学びを紡ぎながら、変化していくのです。

書くことは、つねに未完成でつねにみずからを生み出しつつある生成変化にかかわる事柄であり、それはあらゆる生き得るあるいは生きられた素材から溢れ出す。それは一つのプロセス、つまり、生き得るものと生きられたものを横断する〈生〉の移行なのである。

〈ジル・ドゥルーズ『批評と臨床』〈河出文庫〉〉

この言葉のように、言葉により学び、変化していくことを楽しみましょう。

WORK 4-1

□ **A基礎**：自分がいつか学んでみたい「体験」について書き出してみよう

□ **B応用**：あえて世代や人種など、自分と違う立場の人と対話をしてみよう

オランダに学ぶ多様な個性の紡ぎ方――

「みんなに乾杯」理論

教科書に縛られないオランダの教育のあり方

僕自身がスタートアップに転職し、フルリモートでマレーシアから働くという生活を1年近く経験したあと、新たなチャレンジとしてオランダに移住しました。オランダに移住したのはいくつか理由があります。一つはオランダが、ゴッホやフェルメールなどのアートやダッチデザインといわれる個性的なデザインに優れた街であること。

また、「サーキュラーエコノミー（循環型経済）」や上司が指示・命令しなくてもフラットに自律・自走する「ティール組織」など新しい経済のあり方を実践している国であること。そして何より子育て中の身からすると、ユニセフによる「子どもの幸福度ランキング」で1位（2020年発表）という教育の自由が魅力的でした。

そこで思い切って次の移住先としてオランダに引っ越したわけですが、マレーシアとはまた違ったカルチャーショックがありました。息子にとっては、小学校の高学年からのオランダになったわけですが、オランダの学校で驚いたのは、「教科書がない」ことでした。息子が通った学校では先生の周囲に子どもたちが車座になって座ります。そして先生から質問が投げかけられます。先生と生徒の距離も近くフラットでカジュアル。先生というよりも、近所の優しいお兄ちゃん・お姉ちゃんの感覚に見えました。

また、詰め込み式の日本と比べて、宿題もありません。ざっくりとした「『オリンピック』をテーマに、自分が気になることを調べて数週間後にプレゼンしましょう」という、そんなお題だけ与えられて、その進め方なども完全に自由というものでした。

例えば、ファッションに興味があるフランス人の女の子は、オリンピックのユニフォームの変遷のようなものを調べて、実際に布でユニフォームっぽいものをつくって展示していました。算数が好きなインド人の男の子は、100メートル走のタイムを国別に分けるなど、数字を軸にまとめていました。

うちの息子は、テニスが好きなので、オリンピックでテニスが種目になるまでと、なってからの歴史などをまとめて発表していました。このように一つのテーマに対して、各自の興味・関心の視点から掘り下げて語ること。画一的で正解のある受験のための教育（エデュケーション）と違って、純粋な興味から探究するラーニングとして学びの姿勢を感じました。

こうした違いも含めてとても刺激になりました。もちろんカリキュラムや方針は学校によるとは思いますので、あくまで一つの参考として捉えていただければと思います。

「みんなに乾杯」を体現するオランダの多様性

ちなみに、オランダといえば、ビールブランドの「ハイネケン」も多様性をあらわす、印象的な広告キャンペーンを行なっています。

それは、「WORLDS APRART AN EXPERIMENT（分断された世界実験）」というものです。まずは、初対面の二人が共同作業を行ないます。その後にお互いがじつはフェミニストと反フェミニスト、トランスジェンダーの方とその否定派など、異なる思想を持った二人であったことが明かされる動画が流されます。

そして、退席するかビールで語り合うか決めます。それから、ビールで語り合うと決めた二人は、互いに異なる思想を持っていたとしても、その人柄を知ることで打ち解けられるようになっていきます。

また、もう一つの「Cheers to all(みんなに乾杯)」という広告動画もご紹介しましょう。こちらは、バーでお酒を頼んだ男女の飲み物が間違って届くというものです。「ビールは男性が飲み、甘いカクテルは女性が飲むもの」と思い込んでいる人は多いのではないでしょうか。最後の「男性もカクテルを飲む」というコピーが最高です。ビールの会社なのに、カクテルについて語ることで、ハイネケンが偏見を超えて誠実に向き合おうとするブランドの姿勢を伝えることができます。そして「女性もビールを飲む」という売りにつながるメッセージでもあるのです。

実際、オランダにはいろんな立場の人の権利が認められています。有名なところでは、同性愛の権利も認められていますし、ペットにもほとんどのカフェや電車やバスなどの公共の乗り物でも飼い主と過ごす権利が認められています。福祉が充実しているのでホームレスの方に寝床が提供されているのですが、あえて宿に入らない「ホームレスである権利」も認められており、強制的に宿に泊まらないといけないわけではありません。またヌーディストの権利も認められており、とあるジムでは裸体主義者向けのトレーニングメニューを取り入れたというニュースも見たことがあります。

日本では「多様性」といいつつも、まだまだ捉えている幅が狭いような気がします。

こうしてマレーシアやオランダでの暮らしを経てみると、常識や普通なんてないという気持ちが沸々《ふつふつ》と湧いてきます。今の時代に合わせた多様性（ダイバーシティ）あふれるメッセージを紡げるようになっていきたい今日このごろです。

「国ごとの文化的な違い」か「時代の変化」か、広告は考察を与えてくれる

余談ですが、面白いのはそんなダイバーシティが進んだハイネケンも、昔はこんなステレオタイプなＣＭをつくっていた時代もありました。

そのＣＭでは、まずは女子会メンバーのような女性たちがあるマンションの一室に入ってきます。そこは扉を開けると、たくさんの衣装や靴などが並べられた秘密の衣装部屋になっていて――。キャーキャーと歓喜の声をあげる女性たち。

次に同じようなマンションの一室に入ってくる男性グループ。扉を開けると、そこにはハイネケンのビールがところ狭しと並べられた、秘密のお酒の貯蔵スペースが。同じくウォー、ウォー！　と歓喜の声をあげる男性たち。こんなわかりやすい、ステレオタイプな広告を昔は放映していたのです。

こう考えると、また別の見方ができるようになりませんか。

このダイバーシティは果たして国ごとの違いなのか、それとも世界的な時代の流れなのか、と。広告は生活に密着しているからこそ、こうして国際的・時代的な研究素材としても学ぶことができるのです。

WORK 4-2

□ **A 基礎**：あなたが身近で感じた「多様性」にまつわるエピソードを紡いでみよう

□ **B 応用**：ニュースを見て気になった「多様性」を感じるテーマを深掘りしてみよう

言葉の意味の変化を感じ、知見を深める——

「NO BORDER」理論

地球には、もともと境界線なんてない

ちなみに世界の多様性を感じる広告の一方で、世界に違いはなくすべて一つだということもまた広告の大切なメッセージだったりします。

NO BORDER
（日清食品グループ「カップヌードル」／高松聡《たかまつさとし》）

この高松聡さんのつくられた壮大なスケールのカップヌードルのCMは、Mr. Childrenの音楽に乗せて、国境線のように並べられたカップヌードルを、向かいあった兵士たちが食べるというものでした。世界中で発売されているカップヌードルだからこそ、「世界にボーダーはないよ」というメッセージの説得力が強く刺さるのでした。

ちなみに戦争といえば2023年5月に、戦時下のウクライナで出版された『戦争語彙集』という書籍も印象的でした。詩人のオスタップ・スリヴィンスキー氏が戦時中の市民から聞きとった言葉を取材してまとめたものです。発売後すぐに世界で翻訳が決まるなど、異例の速さで広がりを見せています。そこには戦争によって日常の言葉の意味合いが変わってしまった事例が淡々と綴られています。

例えば、「お風呂」という単語は、これまでは体を洗いリラックスする場所でしたが、戦時下では「身を守る場所」へと意味が変化しました。「きれい」という言葉はオシャレなどの褒め言葉だったのですが、戦争犯罪が起きやすい危険をあらわす言葉へと変化しました。また、庭先に「リンゴ」が落ちる音は、実りをあらわす素敵な音のはずです。しかし、今やミサイルが落ちる音にしか聞こえなくなってしまった人もいます。

このように、普段僕たちが何げなく使っている言葉さえも、自然災害など状況が変わると大きく印象が変わってしまいます。例えばサザンオールスターズの名曲『TSUNAMI』も東日本大震災の前とあとでは、どうしても曲名の印象が変わります。

僕たちは、普段は意識していなくとも自分なりの「語彙」を持っています。もちろん無理に難しい単語を使おうと「語彙力を磨く」必要はないと思いますが、自分が普段どのような言葉を使っているのか、その扱う語彙にたまには意識を向けることが大切です。自分が傷つけるつもりがなくても、気づかぬうちに不快な想いをさせてしまうことがあるからです。

ちなみに褒めるときに「クソすごい」などの言葉を使う人がいますが、僕は少し苦手です。例外的に、漫画『ONE PIECE』のサンジの「長い間クソお世話になりました」というセリフには、口の悪いコックなりの精一杯の誠意を感じ感動しました。

とはいえ言葉遣いについてはそれぞれ感じ方が違うので、僕自身もうまく配慮できていないこともあると思いますが、できるだけ誰かを傷つけないかを意識して言葉を紡いでゆきたいと思っています。

WORK 4-3

□ A基礎：自分が気になる「語彙」について、その気になる理由を紡いでみよう

□ B応用：自分が意識的に気をつけている「語彙」について深掘りしてみよう

知恵を関係づける――

「もりもり食べて強くなってね」理論

ちなみにこの原稿は、丸善丸《まるぜんまる》の内本店《うち》の4階「エムシー・カフェ」で書いています。ちょうどこの項目のテーマである「知恵を関係づける」について語るために、「丸善」という言葉をベースに知恵を関係づけながら、思考の散歩に出てみましょう。

「〇〇といえば」で知恵を紡ぎ続けてみる

やはり「丸善」といえば、最初に浮かんでくるのは梶井基次郎《かじいもとじろう》の代表作『檸檬《れもん》』です。京都の丸善を舞台に、爆弾に見立てた檸檬を本の上に置いて立ち去る、そんなロックなエンディングが印象に残っています。それにしても国語のテスト中に「『檸檬』梶井基次郎」と書いていると、ふと「檸檬かじり基次郎」というお笑い芸人のようなイメージがパッと浮かんできて、思わず噴き出してしまったことがあります。あれもまたテスト中の沈黙を破るダイナマイトのようなロックな行為だったのかもしれません。

ちなみに「お笑い芸人」といえば、ときどき外国人スポーツ選手の名前がお笑い芸人のコンビ名のように聞こえてしまうのは僕だけでしょうか。

例えばJリーグで人気だった「ラモス瑠偉《るい》」選手。語感的に「オリラジ中田《なかた》」さん、「コットン西村《にしむら》」さん「キングコング西野《にしの》」さんなどコンビ名+苗字で呼ばれるように、お笑いコンビ「ラモス」の瑠偉さんのようにイメージしてしまうのです。

もしかしたらその理由としては、ラモス瑠偉選手といえば、忘れられないこんなCMの印象が強いから、なのかもしれません。


「はい、まさお、Jリーグカレーよ」

「いただきまーす」

「もりもり食べて強くなってね。おいしい?」

「まさお!?」

「おかわり」

(永谷園「Jリーグカレー」/井村光明《いむらみつあき》)

これは文字だけで読んでもわからないかもですが、Ｊリーグカレーを食べたまさお少年は、いつの間にかラモス瑠偉選手に変わっていたのです。この衝撃の変化が子ども心にインパクトが強烈すぎて、もしかしたら「ねるねるねるね」のＣＭに並んで、走馬灯《そうまとう》の一部に浮かんできそうなインパクトを残したＣＭでした。

そういえば「カレー」って、「ハヤシライス」と何が違うのでしょうか。さっとネットで調べてみると、カレーはインドが発祥で、ハヤシライスは欧州の煮込み料理ハッシュドビーフがルーツという説があります。そしてもう一つの説が、丸善の創業者の早矢仕有的《はやしゆうてき》が考案したという説です。

なんと、まさかここで「丸善」に戻ってきました！　愛犬サンデーとの散歩で新しい道を徒然《つれづれ》なるままに進んでいたら、思いがけず家に戻ってきていた感覚です。

そういうわけで、せっかく丸善丸の内のカフェにいるので、名物「早矢仕ライス」をいただくことにしました。濃厚なハヤシソースからは、文明開花の音がします。本当、めちゃくちゃうまいです。

どんな時間軸で見るかで「要領がいい」人は変わる

それにしても、丸善の早矢仕さんは書店業だけでなく、こんなにおいしい料理まで考案するなんて器用で要領がいいですね。

ちなみに「要領がいい」といえば、僕も所属している読書コミュニティLectioで読書家のマグさんと「要領がいい人」について議論を深めたことがあります。そのとき書いた僕のコメントを抜粋して紹介しますね。

私は「要領が良い人」と「要領が悪い人」は、数年後に逆転する現象もあると思っています。なぜなら「要領が良い」の判断は「どの時間軸や視点で最適化するか」で考えが変わると思うのです。例えば、カレーを作るとき、単に今日美味しいカレーを食べたいのなら、レシピの通りに何も考えずに、そのまま作るのが「(短期的には)要領が良い」と思います。

ですが、もし本当に美味しいカレーを作ってプロの料理人としてやっていきたいのであれば、色んなスパイスを試してみたり、野菜の切り方や材料を変えてみたりと、膨大な時間をかけて、自分が最も美味しいと思うレシピを編み出す努力を続けるのだと思います。

その過程だけをみると、せっかく目の前に美味しいレシピがあるのに、わざわざ自分でレシピ開発するのは「非生産的」であり、「(短期的には)要領が悪い」ように見えると思うのです。ですが、そうして試行錯誤して自分の頭で試した経験は、借り物の言葉やノウハウでなく、血肉化されており応用が効く武器になる。つまり遠回りしたことが「(長期的には)要領が良い」ことになるということです。

同じように、私たちが言葉の由来を調べたり、立ち止まって考えたりすることは一見「要領が悪い」ように映る瞬間もあると思うのです。ですがそれにより、思考が深まり、知識と知識が連結して、着想が生まれていく。そういう意味で「要領が良い」という議論には、「時間軸の視点が必要」なのです。

言葉を紡ぐことに、生産性を求めるべきか

このように「生産性」を上げるためには、生産性から一瞬離れても新しいやり方を試し試行錯誤する時間が必要だったりします。それは栄養価の管理されたサプリだけを食べると逆に体を壊してしまうことに似ています。

Ｊリーグカレーのように「もりもり食べて強くなってね」とある程度、雑食でなんでも経験していくことで、本当の力がついていくのかもしれません。短期的には要領が悪く見えても、立ち止まって考えること。その上で、長期的に自分の頭で要領のいい答えを紡いでいきましょう。

WORK 4-4

□ **A基礎：言葉と知識を「○○といえば」でつなげてみよう**

□ **B応用：知識と知識をつなげて、新たな気づきを見つけよう**

理性とおバカの反復で思い込みを手放そう——

「hungry?」理論

「おりこう山」と「おばか山」のあいだで

なんだかんだとサンジの「クソお世話になりました」というフレーズや、「カレーの話題」が出てきたことで、つい「カレー味のうんこ」を連想してしまいました。先ほど僕はこうした汚い話が苦手だと言いながら、自分でも書いてしまって、本当に申し訳なく思います。せめてこの「申し訳なさ」を少しでも学びになる話につなげるべく、なんとか筆を進めたいと思います。

それで思い出したのが通称「うんこ理論」です。大真面目な話です。

それは僕が大学生の頃、大阪のコピーライター養成講座に通っていたとき、CMディレクターの中島信也《なかじましんや》さんに教わった理論です。これは言葉を紡ぐすべての人にとって有益だと思うので、ここでその一部をシェアしたいと思います。

書けない時は「おりこう」に
そしてその後「うんこ」を書く
行きつ戻りつの先に「天才案」が待っている

〈宣伝会議コピーライター養成講座編『コピーライティングとアイデアの発想法　クリエイターの思考のスタート地点』〈宣伝会議〉〉

僕たち一般の人が、名キャッチコピーをお手本として見たときに、自分には書けないと固まってしまう原因は、「いきなり」最高の名コピーを書こうとしているからです。

そこでまずは、オリエンシートと睨《にら》めっこして、普通に考えたらこんなアイデアだなぁとおりこうに考えてキャッチコピーを書いてみます。それはあまりにも普通すぎてつまらない、と思うでしょう。でもまずはそれでいいので一旦頭の中にあるものを書き出してみるのです。

次に今度はめちゃくちゃおバカになって、思いついたものはなんでも書いてみましょう。まったく意味不明でも、支離滅裂《しりめつれつ》でもいいのです。とにかく今度はバカになって、それこそ「うんこ」のようなアイデアや言葉を書き出してみる。そうすると、「おりこう山」と「おばか山」がたくさん積み上がっていきます。それを交互に繰り返しているうちに、自分のなかのカタブツ先生のような凝り固まった部分が取り除かれて、シャレのわかる、でもちゃんとしたまじめな〝ええ先生〟になっていくのだそうです。

こうして「おりこう山」と「おばか山」を高速で反復していくうちに、お題にちゃんと答えているけど、チャーミングな「天才案」を導くことができるのだそうです。

とにかく、この当時の「うんこ理論」はとても印象的で、20年以上覚えています。詳しく知りたい方は、『コピーライティングとアイデアの発想法』の中島信也さんのパートをご覧いただくといいと思います。

「うんこ理論」か「ストラクチャード・ケイオス理論」、あるいは「hungry?理論」

ちなみに「うんこ理論」と言うのが恥ずかしい方は、USBフラッシュメモリなどを発明された濱口《はまぐち》秀司《ひでし》さんが提唱する「ストラクチャード・ケイオス理論(structured chaos)」と呼んでもいいでしょう。

これはイノベーションを生み出すには、「構造化されたロジックの領域」と、「直感による混沌《こんとん》としたカオスの領域」を高速に反復することが必要であり、その「構造化された混沌」のなかでベストなアイデアが見つかるという理論です。

奇《く》しくもCM界とビジネス界の二人の天才が、言葉は違えども同じような方法論に辿り着き理論を提唱していること。これは僕自身も言葉やアイデアと向き合うときに大変励まされたメソッドでした。

そしてこうした僕たちからすると天才に見える人たちが、同じような思考法に辿り着いているということは、それだけ誰よりも深く、もっと良いアイデアにするべく、長く飢餓感を持ち、考え続けている事実に気づきます。

hungry?

（日清食品グループ「カップヌードル」／前田知巳《まえだともみ》）

なお飢餓感といえば、カンヌのグランプリを取ったカップヌードルのキャッチコピーが思い浮かびます。

このコピーは、スティーブ・ジョブズのスタンフォード大学でのスピーチである「stay hungry, stay foolish（ハングリーであれ、愚かであれ）」にも重なります。これは一見常識から外れたとしても、自分の心の声に従うこと。そして先入観を持たず初心者のようにいつも挑戦していくこと。そんな力強いメッセージを感じます。

そういえば近年「リスキリング」、つまり学び直しという言葉がブームになっています。しかし、これも1970年に書かれたジャン・ボードリヤールの著書『消費社会の神話と構造』（今村仁司、塚原史訳、紀伊國屋書店）のなかで似た概念の言葉である「ルシクラージュ（再教育・再学習）」という考え方が提唱されています。

要は50年前から、言葉は違っても、これからは常に常識を手放す「アンラーニング」を行ない、学び直し続けるリスキリングをしなければいけないと、同じようなことをいわれてきたのです。

WORK 4-5

- □ **A 基礎：ときにはこれまで学んだことを捨て、思い込みを手放してみよう**
- □ **B 応用：今「常識」だと思い込んでいるものの、その前提を疑ってみよう**

じっくりと言の葉を淹れる――

「おいしい生活」理論

糸井さん流おいしい言葉の紡ぎ方

日本で最も有名なコピーライターといえば、糸井重里さんでしょう。

スタジオジブリの映画の「おちこんだりもしたけれど、私はげんきです。」という『魔女の宅急便』のコピーや、「生きろ。」という『もののけ姫』のシンプルで強いコピーなど、数々の名作を世に生み出しました。そして現在は「ほぼ日（ほぼ日刊イトイ新聞）」というインターネット時代のネット文化を開拓しています。

糸井さんのキャッチコピーで好きなものはいろいろあるのですが、あえて挙げるとすればやっぱり西武《せいぶ》百貨店の「おいしい生活。」という言葉は外せません。

映画監督のウッディ・アレンが着物を着て、おいしい生活という味のある習字の言葉を掲げている写真です。それまでは、生活は楽しいとか苦しいと表現するもので、決して

「おいしい」という形容詞を使うものではありませんでした。しかしこの言葉には、生活を明るく包む、ほのぼのとした優しさが感じられます。

糸井さんが紡ぐキャッチコピーやコラムは、とにかく慈愛に満ちていて「やさしい」、そして「深い」。単にわかりやすく書いてあるだけでなく、ときに鋭く核心をつくような深淵さがあります。

ちなみに言葉は「言の葉」といいます。おいしいお茶を淹《い》れるには、いい茶葉が必要です。僕のふるさとである八女市はお茶の産地であり、以前「茶の文化館」という施設を訪ねたことがあります。

その施設では本来のお茶の味を感じる特別な体験を楽しむことができました。

一煎目で玉露《ぎょくろ》3グラムを小さく盛り、そこに体温程度に冷ましたお湯を20ミリリットルほど注ぎ、蓋《ふた》をして待つ。飲むときは蓋を少しだけずらして、その香りと隙間からあふれる雫《しずく》を味わいます。その後、二煎目・三煎目は湯ざましのお湯を注いで、四煎目でようやく80度のお湯を注いで、飲む。茶葉は、ビタミン、ミネラルも豊富です。

最後に残った茶葉は、岩塩や酢醤油を用いることで、おいしく味わうことができました。丁寧につくられたお茶は、ホッと心がじんわり温かくなる、まさに「やさしくて深い」味わいを感じました。

自分もこんな「やさしくて深い」言葉を紡げるようになるまで、これからも人生をかけて探求していく姿勢が大切だと思いました。

人間はちっぽけな存在であるという「大河の一滴」という言葉がありますが、逆にいえば「その一滴一滴が、大河になる」と捉えることもできます。たとえ、ひとしずくでも自分もそんな言葉を紡げるように、言葉を大切に、人生を紡いでいきたいと思いました。

WORK 4-6

□**A基礎**：誰かが紡いだ言葉の葉を、五感で味わってみよう

□**B応用**：自分が紡いだ言葉の葉を、友達やＳＮＳで分かち合ってみよう

第5章

未来をまなざす「企画《アイデア》」を紡ぐ

時は流れる川である。
流水に逆らわずに運ばれる者は幸せである。
—クリストファー・モーリー
（米国のジャーナリスト・作家）

アイデアの目的を見出す――

「その先の日本へ」理論

さて、これまで言葉の散歩では、物語《ナラティブ》を紡ぎ、志《パーパス》を紡ぎ、実験《トライ》を紡ぎ、学び《ラーニング》を紡いできました。一緒に散歩に出ていたサンデーも満足した顔つきをしています。では行動を起こして学びを得たら、その学びから、具体的に未来をまなざす「企画《アイデア》」を紡ぎ、カタチにしてゆきましょう。

「言葉の散歩」から、「言葉の旅」へ

アイデアを紡ぐときは、まずはそのアイデアの「目的」を見据えることから始まります。今回の目的はもちろん「言葉を紡ぐ楽しさが伝わる」アイデアを紡ぐこと。

そこで目的のことを素直に考えたら、よりワクワクするアイデアとして「言葉の散歩」を拡張して、「思考の旅」のイメージが浮かびました。そして旅といえば、「そうだ京都、行こう。」（JR東海／太田恵美《おおためぐみ》）のキャッチコピーの影響で、すぐ京都が浮かんできました。やはりこうした想起をするときのキャッチコピーの影響は大きいなと感じます。

それで帰省中の福岡から、京都へと向かいました。言葉の旅という目的に合わせ、京都に向かったことで、歴史を感じるモードに切り替わったのか、エッセイの大先輩について知りたくなってきました。日本の三大エッセイとはつまり、「日本三大随筆」です。ちなみに随筆の「随」は、随時などの時の感覚、そして「したがう」を意味します。

つまり、その時その時、日々の流れに逆らうことなく、思うままを書き綴る文章を随筆と呼ぶようです。西洋のモンテーニュの「人間として生きることの試み」というのとはまた違った、趣がありますね。それでは京都の街を散歩しながら、日本が誇るエッセイの古典を紐解いてみましょう。

まずは『枕草子』と歩き出してみた

さて、早速、日本三大随筆に触れながら、京都の街を歩いてみましょう。とりあえず、京都の繁華街、四条烏丸《しじょうからすま》からスタートしました。まずは平安時代1001年頃に完成した清少納言《せいしょうなごん》の『枕草子《まくらのそうし》』ですね。『枕草子』はこの冒頭の一節が有名です。

春はあげもの。

（サントリーホールディングス「角ハイボール」／岩田《いわた》純平《じゅんぺい》、有元《ありもと》沙矢香《さやか》）

おっと、これは春の角ハイボールに合うのは、揚げ物だよね、ということをあらわしたサントリーの広告でしたね。実際はこちらが本当の『枕草子』です。

春はあけぼの。やうやうしろくなりゆく山ぎは、すこし明かりて、紫だちたる雲の細くたなびきたる。

ここでは、春はやっぱり、ほのぼのと夜が明ける頃がいいのよ、と言い切っています。それも、次第にあたりが白んで、山のすぐ上の空がほんのりと明るくなって、紫に染まった雲が細くたなびいている様子がなんともたまらないのよね。と、四季に関する自分の推しのポイントを全力で言葉にして紡いでいます。なんだか「推し活」に邁進《まいしん》する女性のイメージが湧いてきて、清少納言との距離が少し縮まった気がしました。

「春は、明け方がいいのか」と物思いに耽っていると、パッと学生時代も過ごした京都での情景が浮かんできました。それは、サークルやゼミなどの友人たちと明け方までカラオケでオールしたあとに見た夜明けの鴨川《かもがわ》沿いの光景。コンビニで買ったビールを片手に名《な》残惜《ごり》しくワイワイとくだらない話をしていた、そんな光景です。

人から見たら風流のかけらもないかもですが、僕には気だるい体で鴨川に昇る朝日を眺めるのが、ドラマ『オレンジデイズ』のような甘酸っぱい青春を思い起こさせるのでした。それで、ふと鴨川を見たくなってきたので、そちらの方向へ歩き始めます。

鴨川のほとりを歩いてみた

鴨川のほとりをあてもなく歩いてみます。そうそう、こんな景色だったたな。鴨といえば、マクドナルド勤務から流れるままに講演家、そしてYouTuberになった鴨頭《かもがしら》嘉人《よしひと》さんが思い浮かびました。随筆といえば、鴨長明《かものちようめい》さんでしたね。鎌倉時代の1212年に成立した『方丈記《ほうじようき》』の冒頭もまた、味わい深いです。

ゆく河の流れは絶えずして、しかももとの水にあらず。

流れる川は絶え間ないけれど、その水はもとの水ではない、と鴨さんは言います。このあとに、水面に浮かぶ泡も止《とど》まることはない。世の中も、人もこれと同じだ、と達観した動乱期の「無常」について語っています。まるで美空《みそら》ひばりさんの『川の流れのように』の源流のように感じました。

僕は切なさを感じつつ、大学生活を過ごした家賃1万8000円の激安物件、通称〝忍者屋敷〟を訪ねてみました。約20年前の思い出を感じるために現地に向かいましたが、そこはまさに水面の泡のように消え、某ドラッグストア・チェーン店になっていました。

一応お店に入って、この棚の辺りが、昔は共同トイレだったな、なんて思い出しながら、店内を歩きました。おそらくそんな方丈記マインドで店内を歩いた人は僕だけでしょう。

徒然なるままに哲学の道を歩いてみた

切ない気分になったので、気分転換のため新書を取り出しました。今回の京都旅に合わせて、適菜《てきな》収《おさむ》さんが書かれた『古典と歩く大人の京都』(祥伝社新書)という本を事前に購入していたのです。著者は、銀閣寺《ぎんかくじ》の苔《こけ》の美しさを絶賛していました。ちなみに苔といえば、「転がる石には苔が生えぬ」ということわざが有名です。本来イギリスのことわざである「A rolling stone gathers no moss.」は、「職や住居を転々とする人は成功できない」という保守的な意味でした。しかしアメリカでは、「活発に動き続ける人は、能力を錆《さ》びつかせることはない」という革新的な実利主義を反映したプラスの意味で取られます。

そうだ、銀閣寺に行くなら、その近くから始まる「哲学の道」を散歩してみよう。そんな風流なアイデアが浮かんできました。哲学の道を歩きながら、言葉を紡ぐ楽しさについて考えるなんて、なんとも贅沢な時間ではないでしょうか。

『徒然草《つれづれぐさ》』は、鎌倉時代は1331年頃に、吉田兼好《よしだけんこう》、通称・兼好法師によって書かれました。

つれづれなるままに、日暮らし、硯《すずり》に向かひて、心にうつりゆくよしなしごとを、そこはかとなく書きつくれば、あやしうこそものぐるほしけれ。

（孤独にあるのにまかせて、一日中、硯と向かい合って、心に浮かんでは消える他愛のない事柄を、とりとめもなく書きつけてみると、妙におかしな気分になってくる）

この言葉は、今聞いてもなんともクールです。「徒然なるまま」に、この言葉を聞いて

『レット・イット・ビー』(Let It Be)のイメージが浮かびました。ザ・ビートルズの13作目のオリジナル・アルバムであり、翌月ポール・マッカートニーが脱退したため、事実上最後のアルバムになりました。

あるがままにあろうとすると、人はいろんなことを考えるのかもしれません。やはりここでも、諸行無常ですね。兼好法師は『徒然草』のなかでこんな言葉も残しています。

花は盛りに、月は隈《くま》なきをのみ、見るものかは。雨にむかいて月を恋ひ、垂れこめて春の行方知らぬも、なほあはれに情け深し。

(桜は満開のときだけを、月は一点の曇りもないときだけを見ればいいのか。いや、違う。雨に向かって月を恋しく思い、病により部屋に引きこもり春の行方を知らないのも、しみじみしていて趣が深い)

あぁ、なんて味わい深い言葉を残していたのでしょうか。学生の頃は、日本三大随筆として習ってはいたものの、その味わいに気づけていませんでした。人生、いいことも悪いことも、いろんな経験を積んで、名文が染み込む歳になってきたのかもしれません。そう考えると、歳をとるのも案外悪いものではないかもしれませんね。

その先を見つめ、未来を生きよう

そして京都の「言葉の旅」の締めくくりとして母校である立命館《りつめいかん》大学を訪ねました。金《きん》閣寺《かくじ》のすぐそばにある衣笠《きぬがさ》キャンパス正門の先には石碑がありました。そこに書かれていたのは、「未来を信じ　未来に生きる」という言葉。学生時代も見ていたはずなのに、今回その言葉がなぜかとても深く刺さりました。

これは1954年に「不戦の集い」が行なわれた際に書かれた言葉でした。「青年の命を守るために、未来を信じよう」という不戦の誓いと「平和への祈りを込めたキャッチコピー」といえそうです。

ちなみに「立命館」の由来は、『孟子《もうし》』に出てくる「人間の寿命は天命によって決められており、修養（勉強）に努めて天命を待つのが人間の本分である」という一節から取られています。これまで言葉の散歩で語ってきた志《パーパス》を紡ぐことは、命を立てること、そして未来を信じることは、企画《アイデア》の可能性を紡ぐことだと思うことができ、自分のなかでつながった感覚がありました。

その先の日本へ。

（JR東日本／秋山晶《あきやましょう》）

これもまた、アイデアの目的の先を紡ごうとする、素敵な鉄道のコピーです。未来の目的を定めることから、ワクワクするアイデアも紡がれるのかもしれません。

それにしても久しぶりの京都の旅は、情報量が多く、夜中にうなされてベッドから飛び起きました。きっと、鴨川沿いで清少納言と鴨長明と鴨頭嘉人さんと兼好法師とポール・マッカートニーが『川の流れのように』と『レット・イット・ビー』を熱唱している、そんなカオスな夢でも見たのでしょう。アイデアが浮かばないと悩むくらいなら、旅に出てみる。ときには、こんな徒然なる道草もありですね。

WORK 5-1

□A基礎：思いつきたいアイデアの目的を書き出してみよう

□B応用：アイデアの目的を考えながら、直感に従って散歩や旅に出てみよう

制約と向き合い、状況に感謝する──

「飲食店がいる」理論

制約が生み出す力

アイデアの目的を明確化できたら、次はアイデアの制約を考えてみます。アイデアを紡ごうとするとき、単に「無題」として自由に書こうとしてもなかなか難しいものがあります。今回も編集者から「言葉を紡ぐ楽しさが伝わるエッセイ」というお題があったからこそ、ここまで書き続けることができました。今では「制約」は悪い側面ばかりではない、と思うことができます。ですが昔はその制約をとても窮屈に感じることが多くありました。

自分自身を振り返ると、強く制約を感じたのは思春期の頃でした。それにしても今思えば、反抗期は、なぜあんなにも感情が苛立っていたのでしょう。当時、大工の父が怖かったこともあり、僕には表面上は不良になるようなわかりやすい反抗期はなかったのですが、その分、内面では早くこの場所を出て都会に行きたいという想いや、その自分が目指す領域をわかってもらえないという葛藤《かっとう》を抱えていました。

自分でも訳がわからないくらいフラストレーションが溜まったり、不安に襲われたりと、気持ちが不安定にぐらんぐらんと揺れていたことを覚えています。もしかしたら自立したくとも実質は家族に養ってもらうしか選択肢がなく、家族や学校のルールからは逃れられないという閉塞感などが、自分のなかに溜まっていたのかもしれません。

イエモンの歌詞の言葉に救われた青春時代

そんな自分が思春期まっただなかで救いだったのは、日本のロックバンドTHE YELLOW MONKEY（イエモン）の歌詞でした。そこには行き場のない感情が赤裸々に吐露されていました。怒りや悲しみ、ここではないどこかへ行きたいという焦燥感。

どこにぶつけるべきかわからない衝動のようなものに対して敬意を示し語りかけるその音楽が、特に僕の青春時代の救いになりました。なかでも自分が高校生の頃に大好きだった『SO YOUNG』の歌詞を見てみましょう。

今を生きるのは過去があったから
わめきちらして未来を探した

それはなんて青春　白く震えた旅人に残る絆さ
たとえ遠く離れても僕は僕だよ
ただそばに　今はそばに

あざやかな朝日を浴びて歩こう
すべての愛と過ちを道づれに

終わりのない青春　それを選んで絶望の波にのまれても
ひたすら泳いでたどりつけば
また何か覚えるだろう

誰にでもある青春　いつか忘れて記録の中で死んでしまっても

あの日僕らが信じたもの
それはまぼろしじゃない
SO YOUNG!!
（作詞：吉井和哉）

この曲は何度聴いても、鳥肌が立つくらい最高です。その気持ちの昂《たかぶ》りを今でも思い出します。「都会で広告をつくる人になりたい」と「わめきちらして未来を探し」ていた自分。「お前のために、この家ば建てたとぞ」と父なりの愛情から引き留めることもわかるからこそ、「遠く離れても僕は僕だよ」と言えなかった想い。

自分も右耳が聞こえなくていじめられた経験があるくせに、いじめを見て見ぬふりをしたり、ちょっとした冗談でイジったつもりが、友達にとって触れられたくない一面で険悪になってしまったりといった「過ちを道づれに」していく感覚。失恋したり、ニキビがどんどん広がったり、成績が上がったり下がったりするだけで一喜一憂したりと、そんなちょっとしたことで「絶望の波にのまれて」いた不安定さ。窒息しそうな日常のなかで、「ひたすら泳いで」いた感覚。

それでも、この先に「たどりつけばまた何か覚える」日があるのかも、と暗闇のなかに微かな希望を感じた気持ち。そしていくら青春の悩みを語ってもそれは「誰にでもある青春」にしか見えない。それにこうした一つひとつの情景も、「いつか忘れて」死んでしまうかもしれない。それでも「あの日僕らが信じたもの／それはまぼろしじゃない」と強く想いたい。そんな気持ちでした。

自分が置かれた制約に負けそうなとき、紡がれた言葉は救いになる

今振り返ると、自分がこうして青春をなんとか生き延びられたのは、音楽の歌詞のなかに紡がれた「言葉」に、「自分のなかの言葉にできないこの感情を、わかってくれる大人がいる」、そう思えたからかもしれません。

それにしても、このバンド名であるTHE YELLOW MONKEYという名前も最高にクールです。なぜなら海外で「イエローモンキー」といえば黄色い猿、つまり日本人を含め黄色人種をバカにした蔑称です。あえてそんな差別的名称をバンド名につけた勇気。そのバンド名を聞いたザ・ローリング・ストーンズが、「すげぇ名前だな。絶対、忘れない」と語ったという逸話があります。

転がる苔のように革新的なイノベーターだからこその共鳴だったのでしょう。たった一つのバンド名が存在することで、これまで差別的名称であった言葉が、日本人に勇気と誇りを持てるそんな特別な言葉に変わるのです。

洋楽への憧れとコンプレックスを昇華し、日本の歌謡曲の良さを掛け合わせ、独自の世界をつくり出した、そんなイエモンは僕のヒーローでした。僕にとってのイエモンのような、自分を救ったアーティストの存在はあなたのなかにもあると思います。

余談ですが、電通に入社して以来10年以上、よく「イエモン好き」を周りに伝えていました。すると次第に隠れキリシタンのように「じつは私もファンでした」、という仲間が社内に少しずつ広がっていきました。

そしてあるときさまざまな縁がつながって、解散して15年後に復活したイエモンの東京ドーム公演のパンフレット制作の仕事や、イエモンのルーツであるデヴィッド・ボウイをカバーした限定版ジャケットの制作などに携わることができました。趣味としての活動が、いつしか仕事になったのです。どんなときでも想いを紡ぎ、ずっと愛を持って口に出し続けることは、大切だと感じたエピソードでした。

思えば今、中学生の息子が、絶賛反抗期を迎えています。小さい頃は一緒に漫画を読んだり、サッカーボールを蹴り合ったりと「遊んで、遊んで」と言っていた息子が、今は親と映画に行くよりも友達同士でゲームや音声チャットなどで盛り上がるほうが何倍も楽しいと感じるようになりました。

正直、子育て真っ只中のときは、家事や育児で自分が思うように仕事に打ち込めないと、それを制約とさえ感じて苦しくなってしまったこともありました。でも本当は子育ての時間は、制約どころか、宝物のような時間だったのだ、と今さらながら感じるようになりました。

今、息子は親から離れて自分としての自我を確立したい時期なのでしょう。自分もまたそんな青春時代があったからこそ、少し寂しいですが、これもまた成長として受け入れようと思います。

「締め切り」という名の制約を創造のエネルギーに変える

ちなみにアイデアを紡ぐときに重要な「制約」といえば、プレゼンなどの企画やレポート、執筆などで言葉を紡ぐ場合、締め切りという制約と付き合う必要があります。締め切りといえばこんな詩を見かけました。

しめきりはふみきりよりやかましい
つめきりはきれるけど
しめきりはのばせる
くずきりはあまいのに
しめきりはそんなにあまくない
こうしてきょうもひがくれる
（金子《かねこ》茂樹《しげき》・脚本家、ＮＨＫ「言葉にできない、そんな夜。」より）

それにしても締め切りを目の前にすると、逆にどうでもいいことばかりしたくなるのはなぜなのでしょうか。急に掃除をし始めたり、アルバムの整理を始めたり。つまり現実逃避ですね。ちなみに締め切りからの現実逃避にぴったりの本があります。福井県立図書館がまとめた『１００万回死んだねこ　覚え違いタイトル集』（講談社）です。

「『１００万回死んだねこ』貸して下さい」
「『おい桐島、お前部活やめるのか？』ある？」

「カフカの『ヘンタイ』ってありますか?」

この本は図書館のカウンターに日々やってくる、うろ覚えな書籍のタイトルの問い合わせに対して、司書が答えたものです。先ほどの問い合わせの答えは、それぞれ『100万回生きたねこ』『桐島、部活やめるってよ』『変身』が正解なのですが、覚え違いのタイトルもまた味わい深いなと思います。

この本のなかに登場する夏目漱石《なつめそうせき》の『僕ちゃん』、金原《かねはら》ひとみさんの『蛇にピアス』、近藤麻理恵《こんどうまりえ》さんの『人生が片付くときめきの魔法』、ぜひとも読んでみたいなと思います。……しまった。締め切りに追われると、関係ない寄り道をしてしまうのがエッセイの怖いところです。

強い制約が、心震わせる広告を生み出すこともある

ちなみに制約があるからこそ、その大切な価値に気づける。それを実感するキャッチコピーがあります。

あんなに賑やかなのに
みんなの声が聞こえる。
今日もまた笑って、
語って。
人生には、飲食店がいる。
（サントリーホールディングス企業広告／栗田《くりた》雅俊《まさとし》、田中直基《たなかなおき》）

これは新型コロナウイルス禍で、苦境にある飲食店への応援として生まれた広告でした。自粛警察などでささくれだった空気の日本社会では、単純に「飲食店に行こう」と呼びかけることはできない空気でした。そんな制約のなかでも、どうにか飲食店にエールを届けたいと、生まれたのがこの言葉でした。

「ある」と「いる」から考える、日本的感性の豊かさ

ちなみに、なぜ「人生には飲食店が『ある』」ではなく、「飲食店が『いる』」なのか。
これは勝手に深読みすると、「必要だ」という意味の「いる」、または「ここにいるよ」

の「いる」という人間的な温かみを感じさせるからではないかという仮説が思い浮かびました。ちなみに日本人は「ある」と「いる」を自然に使い分けていますが、その違いについて考えたことはありますか? 僕はそのヒントを『復刻版 言語オタクが友だちに700日間語り続けて引きずり込んだ言語沼』(堀元見《ほりもとけん》・水野太貴《みずのだいき》、バリューブックス・パブリッシング)に見つけました。そこにはこんな一節があります。

「所有者がaiboに徐々に愛着が湧《わ》いてきたり、あるいは技術の向上によりリアルな生き物っぽくなったりした結果、多くの人がaiboを『匹』と数えるようになったと」
「そしてさらに面白いのは、別に『aiboを生物だと思うか?』なんて誰も考えていないことですよね。なぜか自然と、言語レベルで変化が起きてるんです」

こうした生き物らしさを感じることを、言語学では「アニマシー(命を感じるか)」と呼ぶようです。つまり生き物らしさを感じるかどうかで、僕たちは無意識に言葉を使い分けることがあるということです。

思い入れがないときaiboを「一体」、飲食店を「ある」と無機質に捉えていたとしても、自分が飼っているaiboは「一匹」だし、行きつけの飲食店は「いる」になります。

フジテレビが、いるよ。

（フジテレビ／岡康道《おかやすみち》、佐々木宏《ささきひろし》）

そういえば、このキャッチコピーにも心が動かされていた意味がわかりました。ちなみに「アニマシー」の使い分けは英語の文法にはないそうです。こう考えると、飲食店でさえ「いる」という表現は、すべてのものに神が宿ると捉える八百万《やおよろず》の神を讃《たた》える日本的感性を実感する言葉の紡がれ方だと気づくことができました。こうした制約からの発見もまた、言葉でアイデアを紡ぐ楽しさに満ちています。

WORK 5-2

□**A基礎**：今あなたが感じている制約について考えてみよう
□**B応用**：制約と向き合い、そこからアイデアに昇華できないか考えてみよう

葛藤から第三の道へ――「愛だろっ、愛」理論

「葛藤」のなかにある愛

「アイデアを紡ぐ」と考えたとき、それでも人間は葛藤する生き物です。実際今年は、アイデアに関する本と、言葉を紡ぐ楽しさを語るこのエッセイの2つの企画が走っていました。その本をつくるという目的はある。そして「制約」もひしひしと感じている。しかし、書けない。じつは目的と制約は認識できていながらも、そのプレッシャーから「書けない」という感情で葛藤にもがき苦しんでいる時期がありました。

そんなとき、電通関西支社時代にお世話になった営業の方にこの本読んだほうがいいよと言われたことを思い出しました。『目の見えない白鳥さんとアートを見にいく』（集英社インターナショナル）という本です。僕は人から勧められた本はできるだけ買うようにしています。今の自分が探し求めていた答えが見つかる体験がよくあったからです。あらた

めて葛藤のなかで読み返し、今の自分に刺さる一節を見つけました。

その本は、タイトルの通り、目が見えない白鳥さんと著者の川内有緒《かわうちありお》さんがアートや仏像などを見に行ったことを書いた実話です。そのなかで観音様を見に行ったやり取りが印象的でした。著者が「観音さまはなぜ『音を観る』と書くのか？」という問いについて尋ねた際、案内していた僧侶はこう答えたそうです。

「観音さまについて書かれたお経には、『まなざし』について書かれた箇所があります。そこには慈しみの目でもって生きとし生けるものを［あまねく］見るとあるのです」

僕はこの一節に心が震えました。あまねくとは、「広く、いきわたる」を意味します。広告も書籍も、あまねく伝えること。自分もそんな慈愛に満ちたまなざしで、アイデアへの想いを紡ぎたいと気づけた瞬間でした。

またドイツのフランクフルトに立ち寄った際、作家・詩人のゲーテの家を訪ねました。そこで偶然見つけたこの言葉もまた葛藤を抱えていた自分を救ってくれました。

人は愛することを学ばなければならない。それを手に入れるためには、聖杯を探し求める騎士のように多くの困難をくぐり抜けなければならない。そして、その旅は常に相手の魂に向かって進むべきであって、そこから逃げてはいけない。

この言葉と出会ったときに、僕は「アイデア本」のテーマとして「愛」を堂々と掲げることを決めました。それまでは、アイデアや企画の本を書くのに、テクニックではない感情の言葉、アイデアに愛情を持つことの大切さを語るのが恥ずかしかったのです。

しかし、ちゃんとこうした本質こそ伝える必要があると覚悟が決まりました。そのことに気づけたことに感謝したいと思えたのです。

愛だろ、愛っ。

（サントリーホールディングス「ザ・カクテルバー」／佐倉康彦《さくらやすひこ》）

ちなみにこの広告コピーにも励まされました。照れくさくても、アイデアの愛から逃げないこと。そして葛藤のなかから書籍のなかで伝えたいコアが見つかったことで、『制約をチャンスに変える アイデアの紡ぎかた』という書籍をカタチにすることができました。興味を持たれた方は読んでみてください。

WORK 5-3

- □ **A基礎：目的と制約のなかの「葛藤」から生まれる第三の案があることを知ろう**
- □ **B応用：今抱えている葛藤を言語化して味わおう**

30年越しにカタチになるアイデアもある――

「近道なんか」理論

大学生の頃に描いた最初の出版企画書

ちなみに今回実家で荷物を整理していたら、「夢追い出版計画」という書類が見つかったのです。そうだ、大学生の頃、本を出したいと思って行動していた時期があったことを思い出しました。あの頃は何の実績もないのに、ただ本を出したかったのです。いくつかの出版社にアプローチしました。

でも何の実績もない学生に出版社が反応してくれることはありません。だから、そのあとは、自費出版の仕方を調べたり、自費出版するとしたらいくらかかるか、などを調べたりもしました。実際に、それまでの歩みを振り返って、生い立ちから大学生になるまでを自伝的にまとめてみました。５万字くらいにはなったと思います。

見積りも取ったし、あとはお金を払って自費出版で出すだけ。その段階まできて、自分は立ち止まってしまいました。何のために、本を出したいのか、そして今、何のために想いを紡いでいるのかと……。そんなとき、こんな言葉に出会いました。

近道なんか、なかったぜ。
（サントリーホールディングス／小野田隆雄《おのだたかお》）

ああ、そうか。何を焦っていたのでしょうか。このコピーが自分を諭《さと》してくれたように感じたのです。ちゃんと、納得できるようになったら、出そう。そんなことを思ったのです。そして僕は学生時代に本を出すことは止めました。なぜなら、完全に自己満足のための出版だったから。もちろん自分なりに、伝えたいメッセージを込めたつもりです。しかし、何の実績もない自分がそれを語っても説得力がありません。そうだ、話を聞こうとはならないはず。

ただデータではなく自分のなかでカタチあるものとして残していたいという想いから、近所の印刷会社に行って、たった一部だけ製本してみました。製本といっても、単に自分が書いたものをコピー機で印刷して、簡単に糊付けしたもの。よく学校の卒業文集などでまとめる、あの簡易的なものです。製本サービス自体は、キンコーズなどの街中の印刷店でもとても安価にやってくれます。そのたった一冊だけの自伝をカタチにすること。完全に自己満足の自伝。今読み返すと、ああ、浅いなぁ自分、と思うけれど、それでもその瞬間の自分を表現したものは宝物になりました。

その「出版しない本を書いた経験」は無駄だったかというと、まったくそんなことはありません。凹《へこ》んだときなどに、読み返すとその当時の想いが、蘇ります。それに本を通じて伝えたいメッセージの根幹は変わっていないことも見えてきた。こうして本を出そうとして、下手でも未熟でもこれまでの人生を振り返って、まとめてみること。そこから見えてきたことは、ちゃんとあると気づけました。

人生においてベストなタイミングで夢やアイデアはカタチになる

思えば、小学4年生の頃に書いた「作家になる」という夢からは30年後に、「本を出す」という夢からは16年後に、初めての商業出版『ほしいを引き出す　言葉の信号機の法則』をかなえることができました。でも、あらためて思えば、遠回りして今だったからこそ、書けた内容だったと思います。近道ではなく、一歩一歩寄り道しながら歩むなかで、自分自身が試行錯誤によりコピーライティングや言葉に関する足腰も強くなり、遠くの景色が見渡せるようになります。だから、近道よりも、寄り道を歓迎する、と今なら言えそうです。

今結果が出ないと焦る人も、その人にとってのベストなタイミングで夢がかなったり、アイデアがカタチになったりするのです。もし、時間があるなら、ぜひそんな自分だけの自伝を、一度じっくり書いてみるのをお勧めします。その世界で一冊だけの本は、これからの未来の自分の背中を押してくれるはずです。

WORK 5-4

□ **A基礎：自分のためだけに自伝を書いてみよう**

□ **B応用：書いた原稿を、一部だけでも製本してみよう**

おわりに

言葉を紡ぐと、世界はめぐる

今回の「言葉の散歩」を振り返ってみる

思索的散歩というカタチでこれまで「言葉を紡ぐ楽しさ」について、愛犬サンデーとの散歩のようにコピーライター目線を身につける旅をしてきました。ちなみにモンテーニュから始まったエッセイですが、それに異を唱える『孤独な散歩者の夢想』（光文社古典新訳文庫）というルソーの著書を見つけました。

モンテーニュは、他者に読ませるために『随想録』を書いたが、私は自分のためだけに夢想を書き記す。私がさらに年を重ね、死期に近づいたときも、今と同じような心境にあったら（私自身はそうあってほしいと思っている）、この記録を読み返し、執筆時の喜びを思い出すだろう。過去を思い起こし、今の自分と昔の自分とで語り合うことがで

きるだろう。私を憎悪する連中はがっかりするだろうが、私はまだ人との交流を楽しむことができるのだ。年老いた私は、過去の自分と向き合うことで、自分よりも少し年下の友人と一緒に日々を過ごすような気持ちになるだろう。

今回の書籍は、普段住んでいるオランダ、立ち寄ったドイツ、日本では哲学の道などを散策した京都、そして東京では、TOE LIBRARY、ブックホテル神保町《じんぼうちょう》、丸の内にある丸善のカフェなどで書きました。そのなかで一番多くの時間を執筆にフォーカスしたのは、福岡の実家でした。それは自分のなかの大切なルーツを一つひとつ確かめる時間だったように思います。

18歳で福岡の家を出て、そこから大学からは関西、そして東京、マレーシア、オランダと40歳まで、お盆か正月のどちらかしか帰ってこないという生活でした。子ども時代の18歳までの時間と、家を出てからの22年間では、家を出てからの時間のほうが長い。その後半の22年間のなかで、親と一緒に過ごした時間は半年分にも満たないように思います。

そう思えば体調を崩したからこそ、今回この貴重な2ヵ月を一緒に両親と過ごせたことに気づけます。人生の苦しみに絶望しかけていたこの時間は、むしろ自分と向き合い、これまで育ててくれた家族や、先生たち、友達とゆっくり語らうなど、こんなに貴重な神様からの贈りもののような時間だったと思います。

いや、もしかしたら、単に実家で2ヵ月を過ごすだけでは気づけなかったのかもしれません。なぜなら、こうして「当たり前」に見える日常の大切さに気づけたことは、そもそもきっかけとして今回編集者から、「言葉を紡ぐこと」をお題にテーマをいただいていたからだったように思います。そこから「言葉を紡ぐ」ことを続けるなかで、普段は見過ごしていた本当に素晴らしいことに気がつきました。

きっとただ漠然と2ヵ月実家で過ごすのと、ほんの少しずつでも自分を癒やすようにその思いや行動を言語化し「言葉を紡いでいくこと」では天と地ほど違います。喩えるならば、言葉を紡ぐことは、今この瞬間の「呼吸に集中する」坐禅やマインドフルネスなど、書く瞑想だともいえます。瞑想でも自分の呼吸の数だけを数えることで、心を整えるといいます。すぐに過去を思い悩んだり、未来の不安を先取りしてくよくよしたりしがちな現代。だからこそ「今を生きる」ためのマインドフルネスとしても、言葉を紡ぐことは大切なのではないでしょうか。

ちなみにブックホテル神保町には、事前に自分の課題や興味などを伝えておくとお勧めの本を渡してくれる「ブックマッチング」というサービスがあります。僕は今回「書籍のアイデアにつながる本」というざっくりとしたオーダーをしていたのですが、チェックイン時に『教養としてのラテン語の授業』という本が届いていました。最初は、「なんでこの本なのだろう」と疑問を持っていたのですが、読み進めてみると次の記述との偶然の出会いがありました。

四文字熟語の「啐啄同時《そったくどうじ》」と近い言葉です。ひな鳥が卵から出たいと鳴く声と、親鳥が出てきなさいと外側から殻をつつくのが同時であるという様子を描写した熟語です。

本書の冒頭のほうで「卵が先か鶏が先か」という仮説の話をしました。僕はその答えはここにあるのではないかと思いました。つまり、卵と鶏、どちらが先かなんて考えるのではなくて、何事も同時に補完し合って存在しているのではないかということです。卵的なものが存在するからこそ、鶏的な概念が生まれるというわけです。もしも、この世に卵と鶏のどちらかが存在しなかったらこの議論が生まれていない。鶏と卵は陰と陽のように同時に補い合って存在しているのです。そんな風に勝手に謎が解けたような気がして、興奮してしまいました。

こうして長い時間「言葉の散歩」を続けてきましたが、いかがでしたでしょうか。「コピーライターはなぜ、ハッとする言葉を紡げるのか?」の答えについても、いくつかそのヒントを感じることができたのではないかと思います。

例えば、「気になる疑問はすぐに調べること」「もしもで仮定し、妄想を理論化する」「視点・視野・視座を増やすこと」「言葉の語感や韻のリズムを感じること」「『○○といえば』で発想をつなげていくこと」など。あなたも印象に残った理論を参考に、普段のメールや企画書、会話で試してみてほしいと思います。

こうした小さな「試み」を続けていくことで、一歩ずつでもコピーライター目線は確実に身についていきます。そして今回、言葉の散歩を追体験していただき、コピーライターがいきなり「ハッとする言葉を紡げる」のではなく、「言葉を紡ぎ続け、ハングリーに考え続けるなかで、たまに偶然のように、ハッとする言葉が見つかる」という宝探しの感覚にも気づいていただけたのではないでしょうか。

ちなみにイギリス初の女性首相であるマーガレット・サッチャーが大切にしていたとされる言葉に、こんな名言があります。

考えは言葉となり、言葉は行動となり、
行動は習慣となり、習慣は人格となり、
人格は運命となる。

僕はこれまでこの言葉がとても好きでした。しかし「言葉による思索的な散歩」を終えた今、僕にはさらに少しだけ別の見方も浮かんできました。それは「考えが言葉になる」だけではなく、逆に「紡いだ言葉によって、考えが生まれること」。言葉によって、思考が紡がれるとすれば、むしろ、もっと能動的に道を開けるようになっていきます。

つまり言葉が考えを紡ぐのならば、行動や習慣、人格、運命さえも紡ぐものであるということができます。シンプルにこう記すこともできます。

言葉は思考を紡ぎ、行動を紡ぎ、

習慣を紡ぎ、人格を紡ぎ、
運命を紡ぐ。

「散歩する言葉」が僕らを意外な未来に紡いでくれる

今回の本は、春にオランダで書き始め、そしてこの最後の文章を、なぜか今、八ケ岳《やつがたけ》で書いています。ちょうどこの本の締め切りの前日に、作家の本田健さん主催の八ヶ岳の作家合宿に参加することができたからです。そこではすでに出版を経験された著者さんや、未来のベストセラー作家の方々と語り明かす、かけがえのない時間を過ごすことができました。そして「感情のリスク」を積極的に取り、自分のなかの「無価値」観に立ち向かい、言葉を紡いで生きていきたいと心から思うことができました。

今回のエッセイを書き始めた頃は、もともと日本に帰省する予定はありませんでしたが、さまざまな偶然が紡ぎ合ったことで、思いがけず自分の人生を振り返りこんなに遠くまで「言葉の散歩」に出かけることになりました。この本を書き終えた今、確信していることがあります。

それは「言葉を紡ぐこと」で、「道は開ける」ということ。

あの日の卒業文集の言葉が、日記のなかの言葉が、誰かに伝えた言葉が、次の道を示してくれます。苦しくなったとき、家族からの手紙の言葉が、恩師の言葉が、音楽の歌詞の言葉が、広告の言葉が、本のなかの言葉が、自分を紡いでくれます。

それはまさに「散歩する言葉」のように、言葉が、自分を想いもよらなかった場所へと連れて行ってくれるのです。

僕自身を紡いでくれた家族や親戚、地元福岡の友人、恩師、関西や東京、マレーシア、オランダの友人、会社やコミュニティの仲間や受講生やクライアントの皆様。きっかけをくださった祥伝社の皆様。本づくりや本の流通に関わっていただいている方々。語り尽くせないほど多くの方々の手によって紡がれています。

そして、読者の皆様へも最大級の感謝を。ちなみに1作目『ほしいを引き出す　言葉の信号機の法則』、2作目『制約をチャンスに変える　アイデアの紡ぎかた』と、本書の3作品は相互に連関しています。よりつながりと理解が深まりますので興味を持った方は手に取っていただけますと幸いです。

ぜひ、読んで終わりではなくともに何かを「紡ぐ」仲間として、一緒にワクワクする道を開いていけたら嬉しいです。きっと愛犬サンデーも喜ぶと思います。

「言葉を紡ぐ」ことは、道を開くこと。

想いをめぐらす「物語《ナラティブ》」を紡ぎましょう。
内面をたがやす「志《パーパス》」を紡ぎましょう。
覚悟をあらわす「実験《トライ》」を紡ぎましょう。
社会をうるおす「学び《ラーニング》」を紡ぎましょう。
未来をまなざす「企画《アイデア》」を紡ぎましょう。

さぁ、一緒に「幸せにかなえる」サイクルを紡ぐ、言葉の散歩に出かけましょう。

2023年　風薫る八ヶ岳にて

堤藤成

主要参考文献一覧

アンジュラ・アッカーマン、ベッカ・パグリッシ、滝本杏奈訳『感情類語辞典』（フィルムアート社）
池田書店編集部『人生を動かす賢者の名言』（池田書店）
茨木のり子『詩のこころを読む』（岩波ジュニア新書）
今井むつみ、秋田喜美『言語の本質　ことばはどう生まれ、進化したか』（中公新書）
川内有緒『目の見えない白鳥さんとアートを見にいく』（集英社インターナショナル）
小池康仁『自分の生き方　運命を変える東洋哲理２５００年の教え』（ダイヤモンド社）
斉藤徹『だから僕たちは、組織を変えていける』（クロスメディア・パブリッシング）
ジェーン・マウント、清水玲奈訳『世界の本好きたちが教えてくれた　人生を変えた本と本屋さん』（エクスナレッジ）
進士素丸『文豪どうかしている逸話集』（ＫＡＤＯＫＡＷＡ）
宣伝会議書籍編集部『名作コピーの時間』（宣伝会議）
孫泰蔵『冒険の書　ＡＩ時代のアンラーニング』（日経ＢＰ）
髙崎卓馬『表現の技術　グッとくる映像にはルールがある』（電通）
田坂広志『使える弁証法　ヘーゲルが分かればＩＴ社会の未来が見える』（東洋経済新報社）
千葉雅也『現代思想入門』（講談社現代新書）

千葉雅也、山内朋樹、読書猿、瀬下翔太『ライティングの哲学　書けない悩みのための執筆論』(星海社新書)
ジル・ドゥルーズ、守中高明、谷昌親訳『批評と臨床』(河出文庫)
福井県立図書館編著『100万回死んだねこ　覚え違いタイトル集』(講談社)
堀元見、水野太貴『復刻版　言語オタクが友だちに700日間語り続けて引きずり込んだ言語沼』(バリューブックス・パブリッシング)
ハン・ドンイル、本村凌二監訳、岡崎暢子訳『教養としてのラテン語の授業　古代ローマに学ぶリベラルアーツの源流』(ダイヤモンド社)
本田健『「未来を書く」ことで、どんどん夢は実現する』(永岡書店)
本田健『ユダヤ人大富豪の教え　幸せな金持ちになる17の秘訣』(だいわ文庫)
日本エッセイスト・クラブ編『エッセイの書き方』(岩波書店)
マイケル・マスターソン『大富豪の仕事術　経済的成功をつかむための具体的で現実的な8つの行動』(ダイレクト出版)
松永光弘『伝え方　伝えたいことを、伝えてはいけない。』(クロスメディア・パブリッシング)
守屋洋『新釈老子』(PHP文庫)
山本弘『創作講座　料理を作るように小説を書こう』(東京創元社)
吉野源三郎『君たちはどう生きるか』(岩波文庫)
ヨハン・ヴォルフガング・フォン・ゲーテ、フランツ・カフカ著、頭木弘樹訳『希望名人ゲーテと絶望名人カフカの対話』(飛鳥新社)
ねじめ正一『ぼくらの言葉塾』(岩波新書)
ジャン＝ジャック・ルソー、永田千奈訳『孤独な散歩者の夢想』(光文社古典新訳文庫)

読者限定の特典配布中。「つむぐ塾」コミュニティにようこそ。

最後まで読んでくれてありがとうございます。ただしここで本を閉じて、日常に戻ってしまうのはもったいないと思いませんか。僕はこれまでたくさんの本を読んできて、書籍が読んで終わりになってしまうこと、それが一番もったいないと思っています。なぜなら本にリアリティが感じられなくなり、日常の惰性に流されてしまうからです。だからこそ、本を読んで終わりではなく、読んでから始まるつながりを紡ぐことが大切だと思うようになりました。そこで、本書を読まれた方の読者コミュニティ「つむぐ塾」をオープンしました。

この本は読んで終わりではなく、読んでから始まる本です。いわばこの本は、未来を紡ぐためのチケットなのです。ぜひ巻末のコミュニティを訪ねてみてください。同じくこの本を読んだ読者とともに、基礎編でも応用編でも、ワークに挑戦し、それを紡いでみてください。僕も「つむぐ塾」のなかで紡がれた言葉はすべて目を通します。

また本書を読まれた読者限定の無料特典などもご用意しております。特典の受け取りや読者コミュニティへの参加方法など、詳しくは著者・堤藤成の公式サイトをご確認ください。ぜひ感想は（#ハッとする言葉の紡ぎ方）をつけてシェアしていただけると嬉しいです。それでは一緒に、幸せにかなえる、を紡いでいきましょう。

堤 藤成

【著者WEBサイト】 tsutsumifujinari.com

【メールアドレス】 tsutsumifujinari@tsutsumifujinari.com

【X（旧Ｔｗｉｔｔｅｒ）】 @tsutsumifuji

切りとり線

★読者のみなさまにお願い

この本をお読みになって、どんな感想をお持ちでしょうか。祥伝社のホームページから書評をお送りいただけたら、ありがたく存じます。今後の企画の参考にさせていただきます。また、次ページの原稿用紙を切り取り、左記まで郵送していただいても結構です。

お寄せいただいた書評は、ご了解のうえ新聞・雑誌などを通じて紹介させていただくこともあります。採用の場合は、特製図書カードを差しあげます。

なお、ご記入いただいたお名前、ご住所、ご連絡先等は、書評紹介の事前了解、謝礼のお届け以外の目的で利用することはありません。また、それらの情報を6カ月を越えて保管することもありません。

〒101-8701（お手紙は郵便番号だけで届きます）
祥伝社　新書編集部
電話03（3265）2310
祥伝社ブックレビュー　www.shodensha.co.jp/bookreview

★本書の購買動機（媒体名、あるいは○をつけてください）

＿＿＿＿新聞の広告を見て	＿＿＿＿誌の広告を見て	＿＿＿＿の書評を見て	＿＿＿＿の Web を見て	書店で見かけて	知人のすすめで

★１００字書評……ハッとする言葉の紡ぎ方

名前

住所

年齢

職業

堤 藤成　つつみ・ふじなり

1983年、福岡県生まれ。コピーライター、「つむぐ塾」塾長。立命館大学を卒業後、株式会社電通に入社。クリエイティブやデジタル等の部門で、国内外のマーケティングに従事。カンヌライオン・ゴールド、日本新聞協会新聞広告クリエーティブコンテスト・グランプリ、宣伝会議アドタイ第1回コラムニストグランプリなど受賞多数。ELM Graduate School にて MBA（経営学修士）を取得後、スタートアップを経て、株式会社ツツミ・インターナショナルを創業。オランダと日本でマーケティング支援に携わりながら、言葉とアイデアで「幸せに叶える」を紡ぐコミュニティ「つむぐ塾」を主宰。著書に『ほしいを引き出す 言葉の信号機の法則』『制約をチャンスに変える アイデアの紡ぎかた』（共にぱる出版）。

ハッとする言葉《ことば》の紡《つむ》ぎ方《かた》
――コピーライターが教《おし》える31の理論《りろん》

堤《つつみ》 藤成《ふじなり》

2024年 1 月10日　初版第 1 刷発行
2024年 8 月30日　　　第 3 刷発行

発行者……………辻 浩明
発行所……………祥伝社しょうでんしゃ
〒101-8701　東京都千代田区神田神保町3-3
電話　03(3265)2081(販売部)
電話　03(3265)2310(編集部)
電話　03(3265)3622(業務部)
ホームページ　www.shodensha.co.jp

装丁者……………盛川和洋
印刷所……………萩原印刷
製本所……………ナショナル製本

Printed in Japan　ISBN978-4-396-11691-0　C0230

〈祥伝社新書〉
経済を知る

498
総合商社
その「強さ」と、日本企業の「次」を探る
なぜ日本にだけ存在し、生き残ることができたのか。最強のビジネスモデルを解説
専修大学教授 田中隆之

650
なぜ信用金庫は生き残るのか
激変する金融業界を徹底取材。生き残る企業のヒントがここに！
日刊工業新聞社千葉支局長 鳥羽田継之

625
カルトブランディング
顧客を熱狂させる技法
グローバル企業が取り入れる新しいブランディング手法を徹底解説
マーケティングコンサルタント 田中森士

636
世界を変える5つのテクノロジー
SDGs、ESGの最前線
２０３０年を生き抜く企業のサステナブル戦略を徹底解説
ベンチャー投資家・京都大学経営管理大学院客員教授 山本康正

660
なぜ日本企業はゲームチェンジャーになれないのか
――イノベーションの興亡と未来
山本康正